CARLOS MESTERS
FRANCISCO OROFINO

Encontros de Maria com o povo de sua terra

31 encontros com Maria, a Mãe de Jesus

Direção Editorial:	Pe. Fábio Evaristo R. Silva, C.Ss.R.
Conselho Editorial:	Ferdinando Mancilio, C.Ss.R.
	Marlos Aurélio, C.Ss.R.
	Mauro Vilela, C.Ss.R.
	Ronaldo S. de Pádua, C.Ss.R.
	Victor Hugo Lapenta, C.Ss.R.
Coordenação Editorial:	Ana Lúcia de Castro Leite
Revisão:	Bruna Vieira da Silva
Diagramação e Capa:	Mauricio Pereira

Dados Internacionais de Catalogação na Publicação (CIP) de acordo com ISBD

M586e   Mesters, Carlos

      Encontros de Maria com o povo de sua terra: 31 encontros com Maria, a Mãe de Jesus / Carlos Mesters, Francisco Orofino. - Aparecida, SP : Editora Santuário, 2019.
      124 p. ; 14cm x 21cm.

      ISBN: 978-85-369-0568-6

      1. Teologia bíblica. 2. Maria. 3. Mãe de Jesus. I. Orofino, Francisco. II. Título.

2018-1623   CDD 230
                                                                       CDU 26

Elaborado por Vagner Rodolfo da Silva - CRB-8/9410

Índice para catálogo sistemático:

1. Teologia cristã 230
2. Teologia cristã 26

1ª impressão

Todos os direitos reservados à **EDITORA SANTUÁRIO** – 2019

Rua Pe. Claro Monteiro, 342 – 12570-000 – Aparecida-SP
Tel.: 12 3104-2000 – Televendas: 0800 - 16 00 04
www.editorasantuario.com.br
vendas@editorasantuario.com.br

APRENDER COM A MÃE DE JESUS COMO OUVIR E PRATICAR A PALAVRA DE DEUS

A Bíblia registrou vários encontros de Maria, a Mãe de Jesus, com o povo de sua terra, desde seu nascimento até sua morte e entrada na glória, no fim de sua vida. Encontros variados, como são variados os encontros que todos nós temos ao longo dos anos de nossa vida.

Em todos os encontros importantes da vida acontece algo, desde o primeiro encontro com nossa mãe ao nascer, até o último encontro com Deus, no fim de nossa vida. Cada encontro traz consigo uma lembrança, boa ou má. Suscita uma conversa, uma conversão, mesmo sem palavras, mesmo sem a gente se dar conta.

O objetivo destas reflexões, sobre os "Encontros de Maria com o povo de sua terra", é aprender com ela como acolher e viver a Palavra de Deus nos muitos encontros que acontecem conosco ao longo dos anos da nossa vida.

São trinta e um encontros mencionados na Bíblia: quatro no evangelho de Mateus, dois no evangelho de Marcos, quinze no evangelho de Lucas, dois no evangelho de João, dois nos Atos dos Apóstolos, um na carta de Paulo aos Gálatas e um no livro do Apocalipse. E mais quatro com referências a vários livros da Bíblia ao mesmo tempo.

Ao todo são 31 encontros, como são 31 os dias do mês de maio, o Mês de Maria, a Mãe de Jesus. Se você quiser, poderá fazer um encontro para cada dia no mês de maio.

SUMÁRIO

1º dia: o encontro com nossa família humana, ao nascer............7

2º dia: o encontro com seu nome Maria, da irmã de Moisés 11

3º dia: o encontro com José, seu esposo, em Nazaré 15

4º dia: o encontro com o anjo Gabriel, em sua casa 19

5º dia: o encontro com o Espírito Santo, ao longo de sua vida....23

6º dia: o encontro com Isabel e Zacarias, em Ain Karem 27

7º dia: o encontro com a Palavra de Deus, no Magnificat...........30

8º dia: o encontro com o filho Jesus, na hora do parto...............33

9º dia: o encontro com os pastores, em Belém 37

10º dia: o encontro com a família, na circuncisão de Jesus 40

11º dia: o encontro com o sacerdote, no Templo 43

12º dia: o encontro com o velho Simeão, no Templo 47

13º dia: o encontro com a profetisa Ana, no Templo 51

14º dia: o encontro com os Magos, em Belém............................54

15º dia: o encontro com o povo do Egito, na fuga 58

16º dia: o reencontro com Jesus, no Templo em Jerusalém 61

17º dia: a convivência com Jesus, em Nazaré, durante 30 anos ..64

18º dia: o encontro com Jesus na festa, em Caná da Galileia 68

19º dia: o encontro com Jesus na sinagoga, em Nazaré 72

20º dia: o encontro com os parentes, em Cafarnaum 76

21º dia: o encontro com o povo de Nazaré................................80

22° dia: o encontro com a mulher que elogiou a "mãe de Jesus"

durante a celebração da comunidade 84

23° dia: o encontro com Jesus, na Via-Sacra

em Jerusalém 88

24° dia: o encontro com Jesus, ao pé da cruz.............................92

25° dia: o encontro com Jesus ressuscitado 95

26° dia: o encontro com a Igreja, no dia de Pentecostes 99

27° dia: o encontro com o apóstolo Paulo,

na carta aos Gálatas 103

28° dia: o encontro com todos nós, em sete livros da Bíblia........108

29° dia: o encontro com todos nós,

com apenas sete palavras 111

30° dia: o encontro com Deus Pai, na eternidade........................115

31° dia: o encontro de Maria de Nazaré

com as Marias do Brasil 118

1º DIA

O ENCONTRO DE MARIA COM NOSSA FAMÍLIA HUMANA, AO NASCER

(Mateus 1,1-16)

(Colocar-se na presença de Deus, invocando a luz do Espírito Santo.)

1. A genealogia de Jesus menciona o nome de Maria *(Mateus 1,1-16)*

¹Livro da origem de Jesus Cristo, filho de Davi, filho de Abraão: ²Abraão gerou Isaac, Isaac gerou Jacó, Jacó gerou Judá e seus irmãos, ³Judá gerou Farés e Zara, de Tamar, Farés gerou Esrom, Esrom gerou Aram, ⁴Aram gerou Aminadab, Aminadab gerou Naasson, Naasson gerou Salmon, ⁵Salmon gerou Booz, de Raab, Booz gerou Jobed, de Rute, Jobed gerou Jessé, ⁶Jessé gerou o rei Davi. Davi gerou Salomão, daquela que foi mulher de Urias, ⁷Salomão gerou Roboão, Roboão gerou Abias, Abias gerou Asa, ⁸Asa gerou Josafá, Josafá gerou Jorão, Jorão gerou Ozias, ⁹Ozias gerou Joatão, Joatão gerou Acaz, Acaz gerou Ezequias, ¹⁰Ezequias gerou Manassés, Manassés gerou Amon. Amon gerou Josias, ¹¹Josias gerou Jeconias e seus irmãos por ocasião do exílio na Babilônia. ¹²Depois do exílio na Babilônia, Jeconias gerou Salatiel, Salatiel gerou Zorobabel, ¹³Zorobabel gerou Abiud, Abiud gerou Eliacim, Eliacim gerou Azor, ¹⁴Azor gerou Sadoc, Sadoc gerou Aquim, Aquim gerou Eliud, ¹⁵Eliud gerou Eleazar, Eleazar gerou Matã, Matã gerou Jacó, ¹⁶Jacó gerou José, o esposo de Maria, da qual nasceu Jesus chamado Cristo.

2. Reflexão sobre o texto

O nascimento é o primeiro encontro de todos nós com a família humana. Maria nasceu e começou a fazer parte da família humana como membro do povo judeu. A Bíblia nada informa a respeito do nascimento de Maria. Não menciona nem os nomes dos pais dela. Apenas no fim da genealogia de Jesus, a Bíblia menciona o nome de Maria ao dizer: *"Jacó foi o pai de José, o esposo de Maria, da qual nasceu Jesus, que é chamado o Messias"* (Mt 1,16). A tradição da Igreja informa que os pais de Maria se chamavam Joaquim e Ana.

A primeira atitude de Maria, ao nascer, deve ter sido a atitude de qualquer criança ao nascer: chorar, mamar, sorrir, causar alegria aos pais, suscitar sonhos e receber um nome. Ela recebeu o nome da profetisa Miriam ou Maria, irmã de Moisés (Êx 15,20). O nome Maria significa: *Amada de Yahweh, ou Yahweh é meu Senhor*.[1]

Maria era de Nazaré, lugar pequeno. Pouca gente. Algumas dezenas de famílias. Tão pequena, que, fora da Bíblia, o povoado de Nazaré da Galileia não é mencionado em nenhum outro escrito daquela época. O povo até dizia: *"De Nazaré pode vir coisa boa?"* (Jo 1,46).

Galileia, a terra de Maria, era chamada *Galileia dos Pagãos* (Mt 4,15; Is 8,23). É que o povo de lá era uma mistura de raças e de religiões (cf. 2Rs 17,24). O povo da Galileia tinha um sotaque próprio. Mesmo querendo se esconder, a fala o revelava (cf. Mt 26,73).

Na genealogia de Jesus, ao lado dos nomes de quarenta e dois homens, aparecem os nomes de apenas cinco mulheres. Maria é o último nome da lista: *"Jacó foi o pai de José, o esposo de Maria, da qual nasceu Jesus, que é chamado o Messias"*. As outras quatro mulheres são: *Tamar* (Mt 1,3), uma cananeia, viúva, que se vestiu de prostituta para obrigar Judá, seu sogro, a ser fiel à Lei de Deus e dar-lhe um filho (Gn 38,1-30). *Raab* (Mt 1,5), uma cananeia, prostituta de Jericó, que fez aliança com os israelitas (Js 2,1-21). *Rute* (Mt 1,5), uma moabita, estrangeira, viúva pobre, que optou para ficar com Noemi, sua sogra, e aderiu ao Povo de Deus (Rt 1,16-18). *A mulher de Urias*, uma hitita, chamada *Betsabeia* (2Sm 11,3; Mt 1,6), que foi seduzida, violentada e engravidada pelo rei Davi, o qual, além disso, mandou matar o marido dela (2Sm 11,1-27). Essas quatro mulheres são as companheiras de Maria, a mãe de Jesus.

---

[1] Nota do Editor: os estudiosos da Bíblia costumam usar o termo Yahweh como correspondente mais provável à pronúncia antiga usada para representar o Nome Sagrado. Os autores deste livro fizeram essa opção para os Salmos que aparecerão no decorrer destas páginas.

Foi por intermédio dessas cinco mulheres e das muitas outras, cujos nomes não foram registrados na genealogia de Jesus, que Deus realizou seu plano de salvação. Por que será que o evangelista Mateus escolheu só essas quatro mulheres para estarem ao lado da Mãe de Jesus? As quatro eram estrangeiras, duas delas eram viúvas, uma era prostituta e a outra tinha sido violentada. Todas elas eram mulheres bem simples do povo. Nenhuma rainha, nenhuma matriarca, nenhuma poderosa, nenhuma juíza! Realmente, o jeito de agir de Deus surpreende e faz pensar! Por que será?

3. Reflexões e perguntas para iluminar a vida

1. Pelas informações da genealogia de Jesus, sabemos que na família de Maria havia uma mistura de raças: cananeias, moabitas, hititas e judias. E como é hoje, aqui no Brasil? Em sua família também existe mistura de raças como na família de Maria e de Jesus? Você conhece os nomes das avós de sua própria família? São todas brasileiras do mesmo Estado? Há entre elas migrantes de outros países ou de outros Estados?

2. O que será que o evangelista Mateus queria comunicar ao descrever a longa genealogia de Jesus com tantos nomes e raças? E por que será que ele mencionou os nomes de só essas cinco mulheres? Pois, na história do povo de Deus havia muitas santas mulheres que Mateus não mencionou. Qual o significado disso para nós hoje? Será que Maria gostou de ela aparecer, para a humanidade inteira, como sendo a companheira dessas quatro mulheres: quatro estrangeiras, uma prostituta, uma violentada? Eu penso que ela gostou muito, ou não? O que você acha?

4. Prece final de agradecimento
(Salmo 121: Oração pessoal de confiança)

Yahweh é teu guarda. Ele é tua sombra (v. 5)

[1]Levanto os olhos para os montes:
de onde virá meu socorro?
[2]Meu socorro vem de Yahweh,

que fez o céu e a terra.
[3]Ele não te deixará tropeçar,
teu guarda jamais dormirá!
[4]Sim, não dorme nem cochila
o guarda de Israel.
[5]Yahweh teu guarda, Yahweh tua sombra.
Ele está à tua direita.
[6]De dia o sol não te ferirá, nem a lua de noite.
[7]Yahweh te guardará de todo o mal,
ele guardará tua vida:
[8]Yahweh guardará tua partida e tua chegada,
desde agora e para sempre.
Glória ao Pai, ao Filho, ao Espírito Santo.
Como era no princípio, agora e sempre. Amém.

Encerrar com uma Ave-Maria.

2º DIA

O ENCONTRO DE MARIA COM SEU NOME MARIA, DA IRMÃ DE MOISÉS

(Números 26,59 e Êxodo 2,1-10)

(Colocar-se na presença de Deus, invocando a luz do Espírito Santo.)

1. Dois textos mencionam Maria, irmã de Moisés, xará da mãe de Jesus

Números 26,59:

"A esposa de Amram se chamava Jocabed, que era filha de Levi e nasceu no Egito. Filhos que ela teve com Amram: Aarão, Moisés e a irmã deles, Maria".

Êxodo 2,1-10:

[1]Um homem da tribo de Levi casou-se com uma mulher da mesma tribo: [2]ela concebeu e deu à luz um filho. Vendo que era belo, o escondeu por três meses. [3]Quando não pôde mais escondê-lo, pegou um cesto de papiro, vedou com betume e piche, colocou dentro a criança, e a depositou entre os juncos na margem do rio. [4]A irmã da criança observava de longe para ver o que aconteceria. [5]Nesse momento, a filha do Faraó desceu para tomar banho no rio, enquanto suas servas andavam pela margem. Ela viu o cesto entre os juncos e mandou a criada apanhá-lo. [6]Ao abrir o cesto, viu a criança: era um menino que chorava. Ela se compadeceu e disse: "É uma criança dos hebreus!" [7]Então a irmã do menino disse à filha do Faraó: "A senhora quer que eu vá chamar uma hebreia para criar este menino?" [8]A filha do Faraó respondeu: "Pode ir". A menina foi e chamou a mãe da criança. [9]Então a filha do Faraó disse para a mulher: "Leve este menino, e o amamente para mim, que eu

lhe pagarei". A mulher recebeu o menino e o criou. ¹⁰Quando o menino cresceu, a mulher o entregou à filha do Faraó, que o adotou e lhe deu o nome de Moisés, dizendo: "Eu o tirei das águas".

2. Reflexão sobre o texto

Maria ou Miriam, a irmã de Moisés, nasceu e viveu lá no cativeiro do Egito, em torno do ano 1230 antes de Cristo. Maria, a mãe de Jesus, nasceu e viveu em Nazaré, na Palestina, mais de mil anos depois. As duas nunca se encontraram. Nem era possível. Mas Maria, a irmã de Moisés, vivia na memória do povo. Todos a conheciam e a veneravam como libertadora do povo, com seus dois irmãos Moisés e Aarão (cf. Mq 6,4). Pois foi ela, Maria, que salvou a vida de Moisés, seu irmão mais novo (Êx 2,1-10). Os três eram filhos de Amram e Jocabed. Diz a Bíblia: *"A esposa de Amram se chamava Jocabed, que era filha de Levi e nasceu no Egito. Filhos que ela teve com Amram: Aarão, Moisés e a irmã deles, Maria"* (Nm 26,59). O nome *Amram* significa *sublime*. O nome da mãe *Jocabed* significa *glória de Yahweh.* O nome *Maria* ou *Miriam* significa *Amada de Yahweh e* ou *Yahweh é meu Senhor.* Moisés, nome egípcio, significa *filho de.* Por exemplo, um dos faraós se chamava *Tut-moisés*, filho de *Tut.* Um outro se chamava *Ra-moisés* ou *Ramsés*, filho do deus *Rá.* Uma explicação popular posterior dizia que o nome Moisés significa *tirado das águas* (Êx 2,10). Aarão significa *Arca.* Maria era a mais velha dos três. Foi a esperteza dela e da mãe que fez com que a filha do faraó adotasse Moisés como filho dizendo: *"Eu o tirei das águas"* (Êx 2,10), pois a ordem do faraó era para matar todos os meninos hebreus que nascessem (Êx 1,16). Aarão era três anos mais velho que Moisés (Êx 7,7). Moisés era o mais novo dos três.

Três filhos, três irmãos: Maria, Aarão, Moisés. Três funções: profecia, sacerdócio, governo. São as três funções que existem em qualquer grupo humano: profeta, sacerdote, rei; questionar, celebrar, liderar. Durante a longa travessia de quarenta anos pelo deserto em direção à Terra Prometida, Maria e Aarão chegaram a criticar Moisés, quando a excessiva liderança dele se tornava autoritária (Nm 12,1-16). Isso mostra que tanto o sacerdócio (Aarão) quanto a profecia (Miriam) fazem bem em questionar o governo (Moisés), quando este se torna autoritário.

O grande momento de Maria foi quando ela tomou a iniciativa de congregar as mulheres e puxou o canto da vitória na travessia do Mar Vermelho: *"A profetisa Maria, irmã de Aarão, pegou um tamborim, e todas as mulheres a seguiram com tamborins, formando coros de dança. E Maria entoava: 'Cantai a Yahweh, pois de glória se vestiu! Atirou no mar cavalo e cavaleiro'"* (Êx 15,20-21). Esse versículo é considerado uma das passagens mais antigas de toda a Bíblia. Maria, a irmã de Moisés, é chamada *"profetisa"* (Êx 15,20). Ela é a primeira mulher a receber esse título.

O nome Maria era muito forte na memória histórica do povo. É provável que, na época de Jesus, quase todas as famílias do povo tivessem uma filha chamada Maria. Basta lembrarmos o grande número de Marias que encontramos nas passagens do NT. Na época de Jesus, os mais ricos tinham nomes gregos ou latinos. O povo fiel chamava seus filhos pelos nomes das personagens da Bíblia, principalmente da época dos patriarcas e matriarcas. Basta ver na família de Jesus: o pai é José, um dos filhos de Jacó; a mãe é Maria, irmã de Moisés; o filho Jesus (Josué) faz memória do líder que colocou o povo na terra prometida.

Foi graças a Maria, a irmã de Moisés, que a filha de Joaquim e Ana recebeu o nome de Maria. E é graças a essas duas Marias, a irmã de Moisés e a mãe de Jesus, que até hoje milhares de meninas continuam recebendo o nome de Maria. Graças a Deus!

3. Reflexões e perguntas para iluminar a vida

1. Moisés, Aarão, Maria. Três irmãos, três funções, três serviços: rei, sacerdote, profetisa. Governar, celebrar, criticar; liderar, festejar, orientar. Essas três funções básicas existem em qualquer grupo humano, tanto nas famílias como no povo. Quando Moisés era autoritário demais, Maria e Aarão o criticavam. Como isso acontece hoje na Igreja, na diocese e em sua paróquia?

2. Como essas três funções existem em sua família e em sua comunidade?

4. Prece final de agradecimento
(Do Cântico de Maria, irmã de Moisés: Êx 15,21 e Êx 15,1-5.11-13)
[21]*Cantem a Yahweh, pois sua vitória é sublime:*
ele atirou no mar carros e cavalos.
[1]Vou cantar a Yahweh, pois sua vitória é sublime:
ele atirou no mar carros e cavalos.
[2]Yahweh é minha força e meu canto, ele foi a minha salvação.
Ele é o meu Deus: eu o louvarei; é o Deus de meu pai: eu o exaltarei.
[3]Yahweh é guerreiro, seu nome é Yahweh .
[4]Ele atirou no mar os carros e a tropa do Faraó,
afogou no mar Vermelho a elite das tropas:
[5]as ondas os cobriram, e eles afundaram como pedras.
[11]Qual Deus é como tu, Yahweh?
Quem é santo como tu, ó Magnífico,
terrível em proezas, autor de maravilhas?
[12]Estendeste a direita, e a terra os engoliu.
[13]Guiaste com amor o povo que redimiste,
e o levaste com poder para tua morada santa.

Encerrar com uma Ave-Maria.

3º DIA

O ENCONTRO DE MARIA COM JOSÉ, SEU ESPOSO

(Mateus 1,18-25)

(Colocar-se na presença de Deus, invocando a luz do Espírito Santo.)

1. Na origem de Jesus aparece o nome de José, esposo de Maria
(Mateus 1,18-25)

[18]A origem de Jesus Cristo foi assim: Maria, sua mãe, comprometida em casamento com José, antes que coabitassem, achou-se grávida pelo Espírito Santo. [19]José, seu esposo, sendo justo e não querendo denunciá-la publicamente, resolveu repudiá-la em segredo. [20]Enquanto assim decidia, eis que o Anjo do Senhor manifestou-se a ele em sonho, dizendo: "José, filho de Davi, não temas receber Maria, tua mulher, pois o que nela foi gerado vem do Espírito Santo. [21]Ela dará à luz um filho e tu o chamarás com o nome de Jesus, pois ele salvará o seu povo dos seus pecados". [22]Tudo isso aconteceu para que se cumprisse o que o Senhor havia dito pelo profeta: [23]Eis que a virgem conceberá e dará à luz um filho e o chamarão com o nome de Emanuel, o que traduzido significa: "Deus está conosco". [24]José, ao despertar do sono, agiu conforme o Anjo do Senhor lhe ordenara e recebeu em casa sua mulher. [25]Mas não a conheceu até o dia em que ela deu à luz um filho. E ele o chamou com o nome de Jesus.

2. Reflexão sobre o texto

O nome de José aparece no final da genealogia de Jesus: *"Jacó foi o pai de José, o esposo de Maria, da qual nasceu Jesus, que é chamado o Messias"* (Mt 1,16). A Bíblia não informa nada sobre como foi o primeiro encontro de Maria com José. Apenas diz: *"Maria estava* prometida em casamento a José e, antes de viverem juntos, ela ficou grávida pela ação do Espírito Santo. José, seu marido, era justo. Não queria denunciar Maria, e pensava em deixá-la, em segredo" (Mt 1,18-19). A Bíblia diz que Maria estava prometida em casamento a José. Estava prometida! Isso significa que os outros decidiram por ela. Ela mesma não pôde escolher. Era a cultura daquela época. Os pais é que escolhiam o marido para suas filhas.

Em toda a Bíblia, José não diz nenhuma palavra. Ele não fala, mas nos momentos mais difíceis da vida, tanto de Maria como do menino Jesus, é ele, José, que determina o que fazer. Ele é uma presença silenciosa, mas muito marcante e decisiva, na vida de Maria e de Jesus. Por isso, José é venerado como o grande protetor da *Sagrada Família*. Até hoje, ele é invocado como *São José do Patrocínio*.

A Bíblia diz que *José era justo* (Mt 1,19). A justiça de José já era a *nova* justiça da qual Jesus dirá: *"Se a justiça de vocês não for maior que a justiça dos escribas e fariseus, vocês não entrarão no Reino do céu"* (Mt 5,20). Se José tivesse sido *justo* conforme a justiça dos escribas e fariseus, isto é, olhando só a letra da lei, ele deveria ter denunciado Maria e ela teria sido apedrejada (cf. Lv 20,10). Jesus teria morrido na barriga de Maria, e o messias não teria nascido.

Mas José já vivia a nova justiça do Reino de Deus e, por ser *justo* e buscar a justiça do Reino, José não denunciou Maria. Mesmo sem entender o mistério da gravidez, ele acreditou em Maria e preferiu abandoná-la em segredo (Mt 1,19). Mas Deus interveio e, em sonho, explicou a José a origem da gravidez. *"José, ao despertar do sono, agiu conforme o Anjo do Senhor lhe ordenara e recebeu em casa sua mulher. Mas não a conheceu até o dia em que ela deu à luz um filho. E ele o chamou com o nome de Jesus"* (Mt 1,24-25).

Graças à justiça de José, Jesus pôde nascer e realizar a profecia de Isaías que dizia: *"A virgem conceberá e dará à luz um filho que será chamado pelo nome de Emanuel, que quer dizer Deus conosco"* (Is 7,14; Mt 1,23). Sim, devemos muito a José. Ele é o Protetor da Igreja. Estamos bem protegidos. São José do Patrocínio! Rogai por nós.

3. Reflexões e perguntas para iluminar a vida

1. O texto do evangelho nos dá a impressão de que Maria não conversou com José. Ela deixou a solução por conta de Deus. Aliás, teria adiantado a conversa? Quem iria acreditar nela dizendo: "Sou grávida do Espírito Santo"? Esse silêncio revela uma atitude de coragem e de muita confiança na ação do Espírito de Deus.

2. Em que consiste exatamente a justiça de José? José já era fiel ao *espírito* da lei. Se fosse legalista, apegado à *letra* da lei, ele deveria ter denunciado Maria. Mas não a denunciou. Preferiu abandoná-la em segredo. Preferiu transgredir a letra da lei para ser fiel ao espírito que mandava amar a Deus e ao próximo. Pois *"a letra mata, e o Espírito é que dá a vida"* (2Cor 3,6).

3. Qual a mensagem que tiro para mim dessa atitude de Maria e de José, os dois que criaram o menino Jesus?

4. Prece final de agradecimento
(Salmo 122: Hino dos romeiros subindo para Jerusalém)

Por meus irmãos e meus amigos eu te desejo a paz! (v. 8)

¹Alegrei-me quando me disseram:
"Vamos à casa de Yahweh!"
²Nossos passos já se detêm
junto às tuas portas, Jerusalém!
³Jerusalém, construída
como cidade em que tudo está ligado,
⁴para onde sobem as tribos,
as tribos de Yahweh.
É uma tradição para Israel
celebrar o nome de Yahweh.
⁵Pois ali estão os tronos da justiça,
os tronos da casa de Davi.
⁶Pedi a paz para Jerusalém:
"Que vivam tranquilos os que te amam!
⁷Haja paz em teus muros
e repouso em teus palácios!"

[8]Por meus irmãos e meus amigos eu te desejo:
"A paz esteja contigo!"
[9]Pela casa de Yahweh nosso Deus eu peço:
"Felicidade para ti!"
Glória ao Pai, ao Filho e ao Espírito Santo.
Como era no princípio, agora e sempre. Amém.

Encerrar com uma Ave-Maria.

4º DIA

O ENCONTRO DE MARIA COM O ANJO GABRIEL EM SUA CASA, LÁ EM NAZARÉ

(Lucas 1,26-38)

(Colocar-se na presença de Deus, invocando a luz do Espírito Santo.)

1. A anunciação do anjo Gabriel a Maria *(Lucas 1,26-38)*

[26]No sexto mês, o anjo Gabriel foi enviado por Deus a uma cidade da Galileia, chamada Nazaré, [27]a uma virgem desposada com um varão chamado José, da casa de Davi; e o nome da virgem era Maria. [28]Entrando onde ela estava, disse-lhe: "Alegra-te, cheia de graça, o Senhor está contigo!" [29]Ela ficou intrigada com essa palavra e pôs-se a pensar qual seria o significado da saudação. [30]O Anjo, porém, acrescentou: "Não temas, Maria! Encontraste graça junto de Deus. [31]Eis que conceberás no teu seio e darás à luz um filho, e tu o chamarás com o nome de Jesus. [32]Ele será grande, será chamado Filho do Altíssimo, e o Senhor Deus lhe dará o trono de Davi, seu pai; [33]ele reinará na casa de Jacó para sempre, e o seu reinado não terá fim". [34]Maria, porém, disse ao Anjo: "Como é que vai ser isso, se eu não conheço homem algum?" [35]O anjo lhe respondeu: "O Espírito Santo virá sobre ti e o poder do Altíssimo vai te cobrir com a sua sombra; por isso o Santo que nascer será chamado Filho de Deus. [36]Também Isabel, tua parenta, concebeu um filho na velhice, e este é o sexto mês para aquela que chamavam de estéril. [37]Para Deus, com efeito, nada é impossível". [38]Disse, então, Maria: "Eu sou a serva do Senhor; faça-se em mim segundo a tua palavra!" E o Anjo a deixou.

2. Reflexão sobre o texto

No encontro com o anjo Gabriel, Maria pronunciou seu **Sim** a Deus. Ela disse: *"Eis aqui a serva do Senhor. Faça-se em mim segundo a tua palavra"* (Lc 1,38). Naquele momento, *"a palavra se fez carne e começou a habitar entre nós"* (Jo 1,14). Para vir morar entre nós, Deus não pediu licença ao imperador de Roma, nem ao sumo sacerdote de Jerusalém, nem ao sinédrio, o supremo tribunal do povo judeu. Ele foi pedir licença a Maria, uma moça pobre de seus 15 ou 16 anos de idade lá de Nazaré, interior da Galileia, periferia do mundo. De lá para cá, o jeito de Deus não mudou. Graças a Deus!

Em Nazaré, lugar pequeno, todo mundo conhecia Maria. Ela foi criada dentro da tradição do seu povo, cujos profetas ensinavam e diziam: nós, membros do Povo de Deus, estamos no mundo não para ser um povo grande e poderoso, nem para ser um povo rei, mas sim para ser um povo *servo*, que se coloca a serviço dos outros (cf. Is 42,1-9; 49,1-6; 50,49; 52,13-53,12; 61,1-2). Quando o anjo Gabriel chegou, Maria não estava no Templo, nem na sinagoga. Estava em casa. O anjo lhe comunica a missão para ela ser a mãe do Messias. Maria pergunta: *"Como pode ser se não vivo com homem algum?"* O anjo explica: *"O Espírito Santo virá sobre ti e o poder do Altíssimo vai te cobrir com a sua sombra; por isso o Santo que nascer será chamado Filho de Deus"* (Lc 1,35). Fiel à tradição do seu povo, Maria responde: *"Eis aqui a Serva do Senhor. Faça-se em mim segunda a tua Palavra"*. Maria disse **Sim**. Se ela tivesse dito *não*, a história da humanidade teria sido bem diferente. *Grande* mistério da nossa fé! O êxito do plano de Deus depende das *pequenas* (grandes) decisões humanas.

Hoje, o povo pergunta: "Como foi o encontro do anjo com Maria? Como é que era um anjo? Tinha asas?" A palavra **Anjo** significa *mensageiro*. Ele leva as mensagens de Deus para as pessoas. No Antigo Testamento, os anjos, às vezes, aparecem como uma pessoa humana: *"Gabriel, o homem, que eu tinha visto no começo da visão"* (cf. Dn 9,21). Outras vezes, aparece como o vento ou como o fogo: *"Tu fazes dos ventos os teus mensageiros (anjos), e das chamas de fogo os teus ministros!"* (Sl 104,4). Os anjos aparecem sob muitas formas, pois existem muitas formas de se perceber a *mensagem* de Deus nos fatos da vida. Até hoje, para todos nós, aparecem anjos e anjas que nos comunicam as mensagens de Deus. Anjo pode ser uma inspiração, pode ser o vento, um pôr do sol, uma experiência forte, uma pessoa amiga, o conselho de um irmão ou de uma irmã. Depende da maneira como a mensagem de Deus chega até nós. No evangelho de Lucas, o próprio anjo se apresenta a Zacarias e diz: *"Eu sou Gabriel. Estou sempre na presença de Deus"* (Lc 1,19).

3. Reflexões e perguntas para iluminar a vida

1. O que mais chamou sua atenção na atitude de Maria no encontro que ela teve com o anjo Gabriel?

2. Para poder nascer entre nós, Deus não pediu licença aos grandes do mundo, mas pediu licença a uma jovem judia lá de Nazaré. O que significa isso para a vivência da minha fé, hoje, aqui no Brasil?

3. Anjos são mensageiros de Deus. Na vida de todos nós aparecem pessoas que transmitem uma mensagem de Deus. Já passou algum anjo ou anja de Deus em sua vida?

4. Cada anjo revela um atributo de Deus. Por isso, alguns anjos recebem nome. *Gabriel* significa *Deus é forte*, pois para Deus nada é impossível (Lc 1,37). *Rafael* significa *Deus cura*, pois curou a cegueira do velho pai de Tobias (Tb 11,11-13). *Miguel* significa *"Quem é como Deus?"*, pois ele venceu o dragão da maldade (Ap 12,7-10). Qual o nome que você daria ao anjo ou à anja que apareceu em sua vida? Por quê?

4. Prece final de agradecimento
(Salmo 123: *Em total prontidão diante de Deus*)

A ti eu levanto meus olhos, a ti, que habitas no céu (v. 1)

[1]A ti eu levanto meus olhos,
a ti, que habitas no céu;
[2]Sim, como os olhos dos escravos
voltados para a mão de seus patrões;
como os olhos da escrava
voltados para a mão de sua patroa,

assim nossos olhos estão voltados
para Yahweh nosso Deus,
até que tenha piedade de nós.
[3]Piedade, Yahweh! Tem piedade!
Estamos fartos, saturados de desprezo!
[4]Nossa vida está farta por demais
do sarcasmo dos satisfeitos
e do desprezo dos poderosos.
Glória ao Pai, ao Filho e ao Espírito Santo.
Como era no princípio, agora e sempre. Amém.

Encerrar com uma Ave-Maria.

5º DIA

O ENCONTRO DE MARIA COM O ESPÍRITO SANTO, AO LONGO DE SUA VIDA

(Lucas 1,31-38)

(Colocar-se na presença de Deus, invocando a luz do Espírito Santo.)

1. Fala do encontro do Espírito Santo com Maria *(Lucas 1,34-38)*

[31]"Eis que você vai ficar grávida, terá um filho, e dará a ele o nome de Jesus. [32]Ele será grande, e será chamado Filho do Altíssimo. E o Senhor dará a ele o trono de seu pai Davi, [33]e ele reinará para sempre sobre os descendentes de Jacó. E o seu reino não terá fim." [34]Maria perguntou ao anjo: "Como vai acontecer isso, se não vivo com nenhum homem?" [35]O anjo respondeu: "O Espírito Santo virá sobre você, e o poder do Altíssimo a cobrirá com sua sombra. Por isso, o Santo que vai nascer de você será chamado Filho de Deus. [36]Olhe a sua parenta Isabel: apesar da sua velhice, ela concebeu um filho. Aquela que era considerada estéril, já faz seis meses que está grávida. [37]Para Deus nada é impossível". [38]Maria disse: "Eis a escrava do Senhor. Faça-se em mim segundo a tua palavra". E o anjo a deixou.

2. Reflexão sobre o texto

Maria perguntou ao anjo: *"Como vai acontecer isso, se não vivo com nenhum homem?"* O anjo respondeu: *"O Espírito Santo virá sobre você, e o poder do Altíssimo a cobrirá com sua sombra"*. De fato, humanamente falando, era impossível Maria ter um filho sem viver com um homem. Mas "para Deus nada é impossível". Dizendo *"o Espírito virá sobre ti"*, o anjo evocava a ação do espírito de Deus que, no dia da criação, *soprava sobre as águas* e fez surgir a vida (cf. Gn 1,2). Desse modo, a gravidez de Maria pela ação do Espírito Santo é apresentada como uma nova criação. Diz o livro da Sabedoria: *"O espírito do Senhor enche o universo inteiro, dá consistência a todas as coisas e tem conhecimento de tudo o que se diz"* (Sb 1,7).

O espírito de Deus soprou quando Maria disse: *"Eis aqui a serva do Senhor. Faça-se em mim segundo a tua palavra"* (Lc 1,38). Naquele momento, Jesus começou a viver: nove meses no seio de Maria, trinta e três anos lá na Palestina, como nosso irmão, igual a nós em tudo, menos no pecado (Hb 4,15). Ele foi crucificado, morto e sepultado. Mas, pela força do mesmo Espírito de Deus, ele ressuscitou ao terceiro dia e continua vivo no meio de nós até hoje.

Depois que Jesus subiu ao céu, os discípulos continuaram reunidos, com Maria, a mãe de Jesus (At 1,14), rezando com ela durante nove dias, até o dia de Pentecostes. No dia de Pentecostes, o mesmo Espírito de Deus desceu sobre todos em forma de ventania forte e de línguas ardentes (At 2,1-3). A abundância do Espírito é fruto da oração dos nove dias. De fato, a única maneira de se conseguir o dom do Espírito de Deus é por meio da oração. Jesus disse: *"Se vocês, que são maus, sabem dar coisas boas aos filhos, quanto mais o Pai do céu dará o Espírito Santo àqueles que o pedirem"* (Lc 11,13).

A experiência da ação do Espírito, tanto na vida de Maria como na vida dos primeiros cristãos, foi de uma total novidade. Foi uma nova criação (Gl 6,15; 2Cor 5,17), um novo nascimento (Jo 3,3-7), uma verdadeira ressurreição (Rm 6,4; Fl 3,10). Essa novidade ainda transparece na maneira de Lucas descrever o começo da história da Igreja. Ao Espírito se atribui de tudo, desde o documento do primeiro concílio ecumênico (At 15,28) até o rumo das viagens dos missionários (cf. At 16,6-7). O Espírito faz com que Estevão tenha coragem de ir até o martírio (At 7,55); manda Pedro ir para a casa do Cornélio (At 10,19; 11,12); conversa com Filipe e o leva de um lugar para outro (At 8,29.39); fala na comunidade apontando novo rumo de ação (At 13,2); envia Paulo e Barnabé em missão (At 13,4); anima Paulo a tomar a decisão de voltar para Jerusalém (At 20,22); coloca pessoas para coordenar a comunidade (At 20,28) etc. A descida do Espírito no dia de Pentecostes é a força que desce do alto, provoca uma mudança radical nos discípulos e os transforma em testemunhas vivas de Jesus para o mundo inteiro (At 1,8).

Essa descrição da *Vida no Espírito* revela duas coisas aparentemente opostas entre si. Por mais extraordinária que tenha sido a experiência do Espírito Santo, ela estava encarnada em ações ordinárias e comuns da vida de todos os dias: falar, rezar, caminhar, viajar, orientar, cantar, criticar, decidir, ficar alegre, crescer, anunciar, servir etc. Essa maneira de Lucas descrever os fatos sugere que o aspecto extraordinário da presença atuante do Espírito está escondido no ordinário da vida de cada dia e é lá que deve ser descoberto pelo olhar da fé. No caso de uma pessoa recusar o ordinário e querer insistir só no extraordinário, no mágico, ela é criticada e até condenada, como transparece no caso de Simão Mago (At 8,9-24) e no comportamento da comunidade de Corinto (1Cor 14,1-40). Por isso, a descrição da ação do Espírito na vida das comunidades deve ser vista não como uma fotografia, mas como raio X. O raio X da fé descobre o que a fotografia não percebe; descobre nas coisas ordinárias e comuns da vida a ação extraordinária do Espírito de Deus.

3. Reflexões e perguntas para iluminar a vida

1. Não dá para ver o vento que sopra, mas a gente pode perceber sua presença e ação no balanço das folhas das árvores. Como você percebe a ação do Espírito de Jesus em sua vida e na vida de sua família e de sua comunidade?

2. Como a ação do Espírito divino transparece na vida de Maria, a mãe de Jesus?

4. Prece final de agradecimento
(Salmo 51,10-17: Entregue à ação do Espírito de Deus)
Renova no meu peito um espírito firme (v. 12)
¹⁰Faze-me ouvir o júbilo e a alegria,
e que se alegrem os ossos que esmagaste.

[11]Esconde dos meus pecados a tua face,
e apaga toda a minha culpa.
[12]Ó Deus, cria em mim um coração puro,
e renova no meu peito um espírito firme.
[13]Não me rejeites para longe da tua face,
não retires de mim teu santo espírito.
[14]Devolve-me o júbilo da tua salvação,
e que um espírito generoso me sustente.
[15]Vou ensinar teus caminhos aos culpados,
e os pecadores voltarão para ti.
[16]Rompe o silêncio que me envolve,
ó Deus, ó Deus, meu salvador!,
e a minha língua cantará a tua justiça.
[17]Senhor, abre os meus lábios,
e minha boca anunciará teu louvor.
Glória ao Pai, ao Filho, ao Espírito Santo.
Como era no princípio, agora e sempre. Amém.

Encerrar com uma Ave-Maria.

6º DIA

O ENCONTRO DE MARIA COM ISABEL E ZACARIAS NA CIDADE DE AIN KAREM, NA JUDEIA

(Lucas 1,39-45)

(Colocar-se na presença de Deus, invocando a luz do Espírito Santo.)

1. O encontro de Maria com Isabel e Zacarias *(Lucas 1,39-45)*

[39]Naqueles dias, Maria pôs-se a caminho para a região montanhosa, dirigindo-se apressadamente a uma cidade de Judá. [40]Entrou na casa de Zacarias e saudou Isabel. [41]Ora, quando Isabel ouviu a saudação de Maria, a criança lhe estremeceu no ventre e Isabel ficou repleta do Espírito Santo. [42]Com um grande grito, exclamou: "Bendita és tu entre as mulheres e bendito é o fruto de teu ventre! [43]Donde me vem que a mãe do meu Senhor me visite? [44]Pois quando a tua saudação chegou aos meus ouvidos, a criança estremeceu de alegria em meu ventre. [45]Feliz aquela que creu, pois o que lhe foi dito da parte do Senhor será cumprido!"

2. Reflexão sobre o texto

Maria morava em Nazaré na Galileia. A tradição da Igreja diz que Isabel e Zacarias moravam em Ain Karem, na Judeia, perto de Jerusalém. De Nazaré, na Galileia, até Ain Karem eram mais ou menos uns 150 quilômetros. Não havia telefone nem televisão. Como Maria ficou sabendo da gravidez de sua prima Isabel? Até hoje, as notícias correm, de boca em boca, por meio dos amigos, dos parentes, dos romeiros e, na Bíblia, por meio dos anjos e das anjas; no caso de Maria, por meio do anjo Gabriel.

Bonita a maneira como Lucas combina os fatos. O anjo tinha dito: *"Isabel sua parenta está no sexto mês!"* (Lc 1,36). Maria respondeu ao anjo: *"Eis aqui a serva do Senhor"* (Lc 1,38). E logo em seguida, ela se levanta e começa a ser *serva*, começa a *servir*. Ela sai de casa e anda 150 Km para estar com Isabel, uma senhora já de idade, grávida há seis meses. Gravidez de risco! Precisava de ajuda. Maria não teve dúvida. Ela soube ler o apelo de Deus e foi para a casa de Isabel. Naquele tempo, uma viagem a pé de 150 quilômetros levava no mínimo quatro ou cinco dias, com uma média de 30 quilômetros por dia.

Chegando por lá, Maria entrou na casa de Zacarias e saudou Isabel. Duas donas de casa se encontram, ambas grávidas. Nesse encontro, elas experimentam a presença de Deus. Isabel elogiou Maria por sua fé na palavra do anjo: *"Bem-aventurada aquela que acreditou, porque vai acontecer o que o Senhor lhe prometeu"*. Zacarias, o marido dela, não teve essa fé, e ficou mudo (Lc 1,20).

Maria respondeu à saudação de Isabel louvando a Deus com o canto do *Magnificat* (Lc 1,46-55). As duas mulheres souberam rezar e celebrar os fatos de suas vidas. Maria ficou três meses com Isabel e depois voltou para casa. Outros 150 quilômetros a pé!

3. Reflexões e perguntas para iluminar a vida

1. Quando Maria ficou sabendo da gravidez de sua prima Isabel, ela levantou e foi visitar a prima. Não foi uma visita de poucas horas. Ela ficou três meses na casa de Isabel, até a hora do parto. Pense nestes *"pequenos"* detalhes da visita de Maria a Isabel: mais de 150 quilômetros; a pé nas estradas sem asfalto; outra terra, outro povo; ficar fora de casa durante três meses. Você faria uma coisa dessas?

2. O encontro das duas mulheres grávidas foi um momento de profunda experiência de Deus. O colírio da fé abriu os olhos e ajudou-as a descobrir os apelos de Deus na vida. O colírio da minha fé funciona?

4. Prece final de agradecimento
(Salmo 124: *Cântico de ação de graças da comunidade*)

Nosso auxílio está no Nome de Yahweh (v. 8)
[1]Se Yahweh não estivesse do nosso lado,
Israel que o diga!
[2]Se Yahweh não estivesse do nosso lado,
quando os homens nos assaltaram,
[3]eles nos teriam devorado vivos,
tal o fogo de sua ira contra nós.
[4]As águas nos teriam inundado,
a torrente chegado ao pescoço,
[5]águas impetuosas
chegariam ao nosso pescoço.
[6]Bendito seja Yahweh,
que não nos entregou como presa a seus dentes.
[7]Fugimos vivos como um pássaro
da rede do caçador:
a rede se rompeu e nós escapamos.
[8]Nosso auxílio está no nome de Yahweh,
que fez o céu e a terra.
Glória ao Pai, ao Filho e ao Espírito Santo.
Como era no princípio, agora e sempre. Amém.

Encerrar com uma Ave-Maria.

7º DIA

O ENCONTRO DE MARIA COM A PALAVRA DE DEUS, NO CANTO DO MAGNIFICAT

(Lucas 1,46-56)

(Colocar-se na presença de Deus, invocando a luz do Espírito Santo.)

1. A letra do Magnificat, o cântico de Maria *(Lucas 1,46-56)*

[46]Maria, então, disse: "Minha alma engrandece o Senhor, [47]e meu espírito exulta em Deus em meu Salvador, [48]porque olhou para a humilhação de sua serva. Sim! Doravante todas as gerações me chamarão de bem-aventurada, [49]pois o Todo-poderoso fez em mim maravilhas. Santo é o seu Nome [50]e sua misericórdia perdura de geração em geração, para aqueles que o temem. [51]Agiu com a força de seu braço, dispersou os homens de coração orgulhoso. [52]Depôs os poderosos de seus tronos, e exaltou os humildes. [53]Cumulou de bens os famintos e despediu os ricos de mãos vazias. [54]Socorreu a Israel, seu servidor, lembrado de sua misericórdia [55] – conforme prometera a nossos pais – em favor de Abraão e de sua descendência, para sempre!" [56]Maria permaneceu com Isabel mais ou menos três meses e voltou para casa.

2. Reflexão sobre o texto

O título *Magnificat* vem da primeira palavra da antiga tradução deste cântico para o latim: *"Magnificat anima mea Dominum"* (A minha alma engrandece o Senhor). Esse cântico mostra como Maria vivia sua fé e como ela meditava a Palavra de Deus. O Magnificat está permeado de frases da Bíblia, sobretudo dos salmos. A Bíblia de Jerusalém enumera dezenove textos do Antigo Testamento que são evocados ou mencionados no cântico de Maria. Parece até uma colcha de retalhos, feita com frases e palavras tiradas da Bíblia. Sinal de que Maria conhecia a Bíblia de memória! De tanto meditar a Palavra de Deus, quando ela mesma rezava, usava as palavras da Bíblia para dirigir-se a Deus. Muitas vezes, sem a gente se dar conta, nós fazemos o mesmo e usamos as palavras da Bíblia ou de cânticos conhecidos para rezar e falar com Deus.

O Magnificat mostra também que Maria tinha consciência clara da situação social e política de seu povo. Ela conhecia as pretensões dos soberbos (Lc 1,51), a ganância dos ricos (Lc 1,53) e a opressão dos poderosos sobre os pequenos (Lc 1,52). Ela se faz porta-voz da esperança de seu povo (Lc 1,54-55). Unir o conhecimento crítico da realidade com a leitura orante da Bíblia era a chave que abria os olhos do coração de Maria para ela poder escutar os apelos de Deus, tanto na vida de seu povo, como em sua própria vida.

No Magnificat, Maria expressa sua fé de que as profecias do AT estavam se realizando. O cântico de Maria é louvor e gratidão por Deus estar realizando suas promessas feitas aos pais: *"Socorre Israel, seu servo, lembrando-se de sua misericórdia, conforme prometera aos nossos pais, em favor de Abraão e de sua descendência, para sempre"* (Lc 1,54-55).

3. Reflexões e perguntas para iluminar a vida

1. Leia de novo o cântico do Magnificat, pensando em Maria, como se você estivesse ao lado dela, lá na casa de Isabel e Zacarias. Qual o ponto que mais chama sua atenção no cântico de Maria? Por quê?

2. Se você tiver a possibilidade, leia o cântico de Ana, a mãe de Samuel, no primeiro livro de Samuel (1Sm 2,1-10). Compare o cântico de Maria com o cântico de Ana. Quais as semelhanças e coincidências que você descobre?

3. Qual a lição que você tira de tudo isso para sua vida, e para seu jeito de ler e de rezar a Bíblia?

4. Faça você também seu *Magnificat*, a partir das passagens da Bíblia que são importantes para você em sua vida.

4. Prece final de agradecimento
(O Salmo *de Maria, a Mãe de Jesus*)

A minha alma engrandece o Senhor

[46]A minha alma engrandece o Senhor,

[47]e exulta meu espírito em Deus, meu Salvador,

[48]porque olhou para a humilhação de sua serva.

Doravante todas as gerações me chamarão de bem-aventurada.

[49]O Todo-poderoso fez em mim maravilhas.

Santo é o seu Nome.

[50]Sua misericórdia perdura de geração em geração,

para aqueles que o temem.

[51]Agiu com a força de seu braço,

dispersou os orgulhosos.

[52]Depôs os poderosos de seus tronos,

e exaltou os humildes.

[53]Cumulou de bens os famintos

despediu os ricos de mãos vazias.

[54]Socorreu a Israel, seu servidor,

lembrado de sua misericórdia,

[55]conforme prometera a nossos pais,

em favor de Abraão

e de sua descendência, para sempre!

Glória ao Pai, ao Filho, ao Espírito Santo.

Como era no princípio, agora e sempre. Amém.

Encerrar com uma Ave-Maria.

8º DIA

O ENCONTRO DE MARIA COM O FILHO JESUS, NA HORA DO PARTO

(Lucas 2,1-7)

(Colocar-se na presença de Deus, invocando a luz do Espírito Santo.)

1. A genealogia de Jesus menciona o nome de Maria *(Mateus 1,1-16)*

2. O nascimento de Jesus em Belém *(Lucas 2,1-7)*

[1]Naqueles dias, apareceu um edito de César Augusto, ordenando o recenseamento de todo o mundo habitado. [2]Esse recenseamento foi o primeiro enquanto Quirino era governador da Síria. [3]E todos iam se alistar, cada um na própria cidade. [4]Também José subiu da cidade de Nazaré, na Galileia, para a Judeia, na cidade de Davi, chamada Belém, por ser da casa e da família de Davi, [5]para se inscrever com Maria, sua mulher, que estava grávida. [6]Enquanto lá estavam, completaram-se os dias para o parto, [7]e ela deu à luz o seu filho primogênito, envolveu-o com faixas e reclinou-o em uma manjedoura, porque não havia um lugar para eles na sala.

2. Reflexão sobre o texto

Em vista da cobrança dos impostos, o imperador Augusto, lá de Roma, havia ordenado um recenseamento em todo o império. Todos deviam registrar-se, cada qual, em sua cidade natal. José era da família e descendência de Davi. Por isso José e Maria tiveram de caminhar mais de cem quilômetros de Nazaré, na Galileia no Norte, até Belém, da Judeia no Sul. Belém era a cidade de origem da família de José. Viagem de cinco ou seis dias, a pé ou no jumento, estando Maria grávida de quase nove meses! *Enquanto eles estavam em Belém, completaram-se os dias para o parto, e Maria deu à luz seu filho primogênito. Ela o enfaixou e o colocou na manjedoura, pois não havia lugar para eles na casa.*

Maria deu à luz na estrebaria dos animais. As hospedarias daquela época eram prédios de dois andares. O andar de cima, a **casa**, era para as pessoas. O andar de baixo, o térreo, era para os animais. Seria o *estacionamento* para os *"carros"* daquela época, isto é, os animais: jumentos, jegues, burros, cavalos. Não havia lugar na **casa,** no andar de cima, para o casal pobre, lá de Nazaré. Maria deu à luz no estacionamento, no meio dos animais. A manjedoura dos animais serviu de berço para o menino Jesus. O filho de Deus foi nascer em um estábulo entre os mais excluídos.

Como reage uma mãe na hora em que nasce o filho? O que ela sente quando pode pegar nos braços a criança, que carregou durante nove meses na barriga? Qual o sentimento de Maria, quando pegou nos braços o menino Jesus, que ela carregou durante nove meses?

As crianças perguntam: "Mas por que no presépio sempre tem jumento e boi, se a Bíblia não fala deles?" A Bíblia fala deles, sim, mas em um outro livro, e de outro jeito. Diz o profeta Isaías: *"Escutem, céus; ouça, ó terra! Yahweh, nosso Deus, é quem fala: Eu criei e eduquei filhos, mas eles se revoltaram contra mim. O **boi** conhece seu proprietário, e o **jumento** conhece a cocheira de seu dono, mas Israel não conhece nada, meu povo não entende"* (Is 1,2-3). Por isso que, até hoje, o jumento e o boi estão bem perto de Jesus no presépio. É porque, como dizia o profeta Isaías, eles reconhecem em Jesus seu dono. Enquanto houver pessoas no mundo que *"não conhecem seu proprietário, nem a cocheira de seu dono"*, ou seja, enquanto houver gente que ainda não reconhece em Deus seu dono e criador, existe um apelo missionário para nós! A presença deles no presépio é um apelo de Deus a nossa consciência: "Será que eu, em minha vida, aceito Jesus como meu dono e meu senhor?"

3. Reflexões e perguntas para iluminar a vida

1. Quantas vezes as mães passam a mão na barriga durante os nove meses da gravidez? E o que dizem as mãos ao menino ou à menina que está na barriga? Sem dizê-lo, elas dizem: *"Bem-vindo! Bem-vinda!"* Maria fez a mesma coisa que todas as mães fazem.

2. Quando uma filha dá à luz pela primeira vez, a mãe dela costuma estar presente. Maria deu à luz fora de casa, sem ninguém da família por perto, sem poder comunicar-se com a mãe em Nazaré e sem acolhimento da parte do dono da hospedaria. Qual terá sido o sentimento de Maria e de José naquele momento? Qual o meu sentimento?

3. O nascimento é o primeiro encontro entre a mãe e a criança. No momento do nascer, nasce entre os dois um amor que só Deus explica. O amor de mãe supera tudo o que se possa imaginar. Esse amor nasceu entre Maria e Jesus! Foi a grandeza desse amor das mães que levou o povo de Deus a entender a grandeza do amor de Deus por nós, como tão bem lembra o profeta Isaías: *"Sião dizia: 'Yahweh me abandonou, o Senhor se esqueceu de mim!' Mas pode a mãe se esquecer do seu nenê, pode ela deixar de ter amor pelo filho de suas entranhas? Ainda que ela se esqueça, eu não me esquecerei de você. Veja! Eu tatuei você na palma da minha mão"* (Is 49,14-16).

4. Prece final de agradecimento
(Salmo 126: *Oração comunitária de súplica*)

Os que semeiam com lágrimas colherão com alegria (v. 5)
¹Quando Yahweh fez voltar os exilados de Sião,
parecíamos estar sonhando
²Então nossa boca se encheu de risos
e nossa língua de canções.
Até entre as nações se comentava:
"Yahweh fez grandes coisas por eles!".
³Sim, Yahweh fez grandes coisas por nós,
Por isso estamos alegres.
⁴Yahweh, faze voltar nossos exilados,
como torrentes do Negueb.

[5]Os que semeiam com lágrimas
colherão com alegria.
[6]Vão andando e chorando
ao levar a semente;
ao voltar, voltarão cantando,
trazendo seus feixes.
Glória ao Pai, ao Filho, ao Espírito Santo.
Como era no princípio, agora e sempre. Amém.

Encerrar com uma Ave-Maria.

9º DIA

O ENCONTRO DE MARIA COM OS PASTORES, EM BELÉM

(Lucas 2,8-20)

(Colocar-se na presença de Deus, invocando a luz do Espírito Santo.)

1. Fala da visita dos pastores *(Lucas 2,8-20)*

[8]Na mesma região havia uns pastores que estavam nos campos e que durante as vigílias da noite montavam guarda a seu rebanho. [9]O Anjo do Senhor apareceu-lhes e a glória do Senhor envolveu-os de luz; e ficaram tomados de grande temor. [10]O anjo, porém, disse-lhes: "Não temais! Eis que eu vos anuncio uma grande alegria, que será para todo o povo: [11]Nasceu-vos hoje um Salvador, que é o Cristo-Senhor, na cidade de Davi. [12]Isto vos servirá de sinal: encontrareis um recém-nascido envolto em faixas deitado em uma manjedoura". [13]E de repente juntou-se ao anjo uma multidão do exército celeste a louvar a Deus dizendo: [14]"Glória a Deus no mais alto dos céus e paz na terra aos homens que ele ama!" [15]Quando os anjos os deixaram, em direção ao céu, os pastores disseram entre si: "Vamos já a Belém e vejamos o que aconteceu, o que o Senhor nos deu a conhecer". [16]Foram então às pressas, e encontraram Maria, José e o recém-nascido deitado na manjedoura. [17]Vendo-o, contaram o que lhes fora dito a respeito do menino; [18]e todos os que os ouviam ficavam maravilhados com as palavras dos pastores. [19]Maria, contudo, conservava cuidadosamente todos esses acontecimentos e os meditava em seu coração. [20]E os pastores voltaram, glorificando e louvando a Deus por tudo o que tinham visto e ouvido, conforme lhes fora dito.

2. Reflexão sobre o texto

Os pastores com suas ovelhas nunca faltam em nossos presépios. O que será que o evangelista Lucas queria comunicar, narrando a presença dos pastores junto ao presépio de Jesus? Pastores eram empregados, pessoas rudes, sem muita aceitação social e com fama de ladrões. Muitos deles nem casa tinham. Passavam as noites no campo, com os animais. São eles os primeiros a receberem a Boa Notícia do nascimento de Jesus. Eles são os primeiros a visitar Maria e a oferecer alguma ajuda. Eles souberam da notícia por meio do anjo que dizia: *"Não tenham medo! Eu anuncio para vocês a Boa Notícia, que será uma grande alegria para todo o povo: hoje, na cidade de Davi, nasceu para vocês um Salvador, que é o Messias, o Senhor. Isto lhes servirá de sinal: vocês encontrarão um recém-nascido, envolto em faixas e deitado na manjedoura".*

Chama atenção o contraste entre a grandiosa esperança de séculos e sua realização lá em Belém; entre o *anúncio do nascimento do Salvador, Messias e Senhor,* e o sinal dado pelo anjo: *vocês vão encontrar uma criança recém-nascida, envolta em panos e deitada em uma manjedoura.* É o contraste entre o olhar comum e o olhar da fé; entre a fotografia e o raio X. A fotografia registra o que os olhos veem: uma criança pobre, recém-nascida, deitada em uma manjedoura. O raio X da fé revela o que os olhos não podem ver: a presença salvadora de Deus. É esse o contraste que o evangelho de Lucas quer acentuar para nós.

E Lucas indica também como a gente deve fazer para adquirir esse mesmo olhar da fé. Ele diz: *"Maria conservava cuidadosamente todos esses acontecimentos e os meditava em seu coração".* É ruminando no coração os fatos da vida que se descobre dentro deles os apelos de Deus. Com essa frase, Lucas também indica, discretamente, a fonte, de onde ele mesmo conseguiu tantas informações sobre o nascimento e a infância de Jesus.

3. Reflexões e perguntas para iluminar a vida

1. A vida está cheia de contrastes e surpresas. As coisas nem sempre acontecem como a gente imagina e espera. Deus nem sempre

age como a gente gostaria. Você esperava uma manifestação poderosa de Deus como Salvador e Rei do Universo, e você encontra um nenê chorando em uma estrebaria de animais. Foi o que aconteceu com os pastores. Mas eles acreditaram. Você acreditaria?

2. *"Maria conservava cuidadosamente todos esses acontecimentos e os meditava em seu coração."* Todos nós fazemos isso. Maria o fazia com o olhar de sua fé, e assim ia descobrindo os apelos de Deus nos fatos da vida. Será que eu imito Maria, meditando à luz da fé os fatos da minha vida para descobrir dentro deles os apelos de Deus?

4. Prece final de agradecimento
(Salmo 127: *Oração de espiritualidade sapiencial*)

Estamos na mão da Providência Divina
[1]Se Yahweh não constrói a casa,
em vão trabalham seus construtores;
Se Yahweh não guarda a cidade,
em vão vigiam os guardas.
[2]É inútil que levanteis de madrugada,
e que atraseis em deitar
para comer o pão com duros trabalhos:
pois ao seu amado ele o dá enquanto dorme!
[3]Sim, os filhos são a herança de Yahweh,
um presente o fruto do ventre.
[4]Como flechas na mão de um guerreiro
são os filhos gerados na juventude.
[5]Feliz o homem
que encheu sua aljava com elas:
não ficará envergonhado frente às portas,
ao enfrentar seus inimigos.
Glória ao Pai, ao Filho, ao Espírito Santo.
Como era no princípio, agora e sempre. Amém.

Encerrar com uma Ave-Maria.

10º DIA

ENCONTRO DE MARIA COM A FAMÍLIA, NA CIRCUNCISÃO DE JESUS, NO OITAVO DIA

(Lucas 2,21)

(Colocar-se na presença de Deus, invocando a luz do Espírito Santo.)

1. A circuncisão de Jesus *(Lucas 2,21)*

[21]Quando se completaram os oito dias para a circuncisão do menino, foi-lhe dado o nome de Jesus, conforme o chamou o anjo, antes de ser concebido.

2. Reflexão sobre o texto

· A circuncisão era o sinal da aliança de Deus com o povo de Israel (Gn 17,9-14; cf. Js 5,1-9). O rito da circuncisão era uma cerimônia familiar, realizada pelo pai no oitavo dia, após o nascimento do filho (cf. Lc 2,21). O nome *Jesus* é a forma grega do nome *Josué: Deus salvará*.

José, o pai da família, deve ter presidido a cerimônia da circuncisão de Jesus, lá em Belém. A celebração da circuncisão costumava reunir a família em uma festa de acolhida ao recém-nascido. Era como se o nascimento durasse oito dias e terminasse no oitavo dia, quando o menino era circuncidado e recebia seu nome. Aí, ele acabava de nascer e se tornava oficialmente membro do povo de Deus.

A Bíblia não menciona a presença de Maria na cerimônia da circuncisão de Jesus. Mas ela estava presente e deve ter segurado e acalmado o menino Jesus, enquanto José, o pai de família, fazia a operação da circuncisão. Provavelmente, alguns parentes da família de José devem ter participado da cerimônia. Pois sua família era de Belém.

Cinco séculos antes, o profeta Jeremias já falava que a verdadeira circuncisão era a circuncisão do coração: *"Circuncidem-se em honra de Yahweh, circuncidem o coração, homens de Judá e moradores de Jerusalém, para que minha ira não saia como fogo e queime, e ninguém possa apagá-la, por causa do mal que vocês praticam"* (Jr 4,4; cf. Ez 11,19; 36,26). Pois de nada serve ter o sinal da aliança no corpo, se a pessoa não pratica sua religião. Na época dos Macabeus, época de perseguição contra os judeus, o rei helenista, Antíoco Epífanes, havia proibido a circuncisão, sob pena de morte (1M 1,15). Muitos sofreram o martírio naquela época.

No início da Igreja, os primeiros cristãos eram quase todos judeus convertidos, portanto, circuncidados. Por isso, quando os primeiros pagãos começaram a entrar nas comunidades, alguns judeus cristãos da linha dos fariseus diziam que os pagãos convertidos também deviam fazer a circuncisão para poderem ser membros plenos do Povo de Deus e terem parte nas promessas (At 15,1). Foi uma questão difícil, que levou os cristãos a realizarem o primeiro Concílio Ecumênico. Nesse Concílio, após longa discussão, chegaram a um acordo: para a pessoa ser salva basta a fé em Jesus. Já não se podia exigir dela a circuncisão nem a observância de todos os preceitos da lei de Moisés. Esse acordo, válido até hoje, está registrado na carta que eles mandaram para os cristãos vindos do paganismo (cf. At 15,23-29).

3. Reflexões e perguntas para iluminar a vida

1. A circuncisão era um sinal visível na carne, por isso mesmo, um lembrete permanente para a pessoa circuncidada: *"Eu sou membro do povo de Deus!"* O sinal da circuncisão ajudava as pessoas a manterem vivo seu compromisso como membro do povo de Deus. Existe algum lembrete assim em minha vida que me faz lembrar os compromissos que assumi como cristão ou cristã na hora de receber o batismo?

2. Jeremias já falava na circuncisão do coração, pois não basta ser circuncidado na carne (Jr 4,4). No tempo de Jesus, muitos colocavam sua segurança só no sinal exterior no corpo e não se preocupa-

vam em viver o compromisso interior. Jesus chama isso de *hipocrisia* e de *sepulcros caiados* (Mt 23,27). Ele insiste na sinceridade interior (Mt 23,26). É preciso circuncidar o coração, colocar em prática a fé. Como é que está meu coração? Está circuncidado?

3. No Sermão da Montanha, Jesus critica as pessoas que fazem suas práticas religiosas só para serem vistas e elogiadas pelos outros: esmola (Mt 6,1-4), orações (Mt 6,5-15) e jejum (Mt 6,16-18). Há práticas religiosas assim em minha vida, que já não expressam minha fé?

4. Prece final de agradecimento
(Salmo 128: A bênção do lar)

Será abençoado aquele que teme a Yahweh (v. 4)
[1]Feliz todo aquele que teme a Yahweh
e anda em seus caminhos.
[2]Do trabalho de tuas mãos comerás,
tranquilo e feliz:
[3]tua esposa será vinha fecunda,
na intimidade de teu lar;
teus filhos, rebentos de oliveira,
ao redor de tua mesa.
[4]Assim será abençoado
aquele que teme a Yahweh.
[5]Que Yahweh te abençoe de Sião,
e verás a prosperidade de Jerusalém
todos os dias de tua vida;
[6]e verás os filhos de teus filhos.
Paz sobre Israel!
Glória ao Pai, ao Filho, ao Espírito Santo.
Como era no princípio, agora e sempre. Amém.

Encerrar com uma Ave-Maria.

11º DIA

ENCONTRO DE MARIA COM O SACERDOTE NO TEMPLO DE JERUSALÉM, NA APRESENTAÇÃO DE JESUS

(Lucas 2,22-24)

(Colocar-se na presença de Deus, invocando a luz do Espírito Santo.)

1. A apresentação de Jesus no Templo *(Lucas 2,22-24)*

[22]Quando se completaram os dias para a purificação deles, segundo a Lei de Moisés, levaram-no a Jerusalém a fim de apresentá-lo ao Senhor, [23]conforme está escrito na Lei do Senhor: Todo macho que abre o útero será consagrado ao Senhor, [24]e para oferecer em sacrifício, como vem dito na Lei do Senhor, um par de rolas ou dois pombinhos.

2. Reflexão sobre o texto

O texto que descreve a apresentação de Jesus no Templo é do evangelho de Lucas. Esse evangelista, o único não judeu, é o que mais insiste em mostrar a fidelidade de Maria e José a todas as prescrições da Lei de Moisés. Dois motivos levaram Maria e José ao Templo, no quadragésimo dia após o nascimento de Jesus: o resgate a ser pago pelo primogênito Jesus e a purificação de Maria, sua mãe.

O *Resgate do primogênito.* Segundo a Lei de Moisés, todos os primogênitos, tanto dos animais, como dos seres humanos, pertenciam a Deus e deviam ser resgatados: *"Todo primogênito me per-*

tence, pois no dia em que matei os primogênitos na terra do Egito, consagrei para mim todos os primogênitos de Israel, tanto homens como animais. Eles me pertencem. Eu sou Yahweh" (Nm 3,13). E uma coisa consagrada a Deus não podia ser usada para outras finalidades. Devia ser oferecida a Deus. Caso o primogênito dos animais era de muita utilidade para a vida da família, eles podiam resgatá-lo por meio do pagamento de uma oferta. Se não o resgatassem, deviam sacrificá-lo como holocausto. *"Os primogênitos humanos, porém* (assim diz a Bíblia), *você os resgatará sempre"* (Êx 13,13). Por isso José e Maria foram ao Templo para resgatar o menino Jesus, o primogênito, e levá-lo de volta para casa.

A *Purificação da mãe após o parto.* A Lei de Moisés dizia: *"Quando uma mulher conceber e der à luz um menino, ela ficará impura durante quarenta dias"* (Lv 12,2-4). Conforme as crenças daquela época, o sangue que sai na hora do parto tornava a mulher impura durante quarenta dias. Por isso, terminado o período da impureza, a mãe devia ir ao Templo e fazer a oferta de um cordeiro para poder ser purificada (cf. Lv 12,6-7). Por isso, no quadragésimo dia depois do parto, Maria e José foram ao Templo de Jerusalém fazer a oferta pela purificação (Lc 2,22). Em nosso calendário, o nascimento de Jesus foi fixado no dia 25 de dezembro. Por isso, a purificação de Maria no quadragésimo dia cai no dia 2 de fevereiro, isto é, exatamente quarenta dias depois do nascimento de Jesus.

O preço a ser pago pelo resgate era a oferta de um cordeiro. Diz a Bíblia: *"Caso a pessoa não tem meios para comprar um cordeiro, pegue duas rolas ou dois pombinhos: um para o holocausto e outro para o sacrifício pelo pecado. O sacerdote fará por ela o rito pelo pecado, e ela ficará purificada"* (Lv 12,8). Maria e José ofereceram *"um par de rolas ou dois pombinhos"* (Lc 2,24). Não tinham dinheiro para comprar o cordeiro. Fizeram a oferta do resgate dos pobres.

3. Reflexões e perguntas para iluminar a vida

1. Na origem do rito do resgate do primogênito está a memória do Êxodo. O resgate evoca a décima praga da morte dos primogê-

nitos do Egito, que permitiu a libertação do povo de Israel da casa da escravidão (Nm 3,13). Assim, ao longo dos séculos, o resgate dos primogênitos ajudava o povo a não perder a memória do passado e a viver em estado permanente de Êxodo. E nós cristãos: como conservamos viva em nós a memória de morte e ressurreição de Jesus? Pois, sem essa memória, perdemos nossa identidade e o rumo da nossa missão.

2. A ida de José e Maria ao Templo unia duas obrigações: fazer o resgate de Jesus, o primogênito, e realizar a purificação da mãe. O pagamento para as duas obrigações era a oferta de um cordeiro. Mas Maria e José não tinham dinheiro para comprar um cordeiro. Fizeram a oferta dos pobres (cf. Lv 12,8). Qual a mensagem que tiro disso para minha vida?

4. Prece final de agradecimento
(Salmo 129: Deus me libertou)

Yahweh é justo: cortou os chicotes dos injustos (v. 4)

[1]Quanto me oprimiram desde a juventude,
Israel que o diga!
[2]Quanto me oprimiram desde a juventude,
mas nunca puderam comigo!
[3]Os lavradores lavraram minhas costas
e alongaram seus sulcos;
[4]mas Yahweh é justo:
cortou os chicotes dos injustos.
[5]Voltem atrás, envergonhados,
os que odeiam Sião.
[6]sejam como a erva do telhado,
que seca antes da colheita
[7]e não enche a mão do ceifador,
nem a braçada de quem ajunta os feixes.
[8]E que os passantes não digam:
"A bênção de Yahweh sobre vós!"
Nós vos abençoamos em nome de Yahweh!

Glória ao Pai, ao Filho, ao Espírito Santo.
Como era no princípio, agora e sempre. Amém.

Encerrar com uma Ave-Maria.

12º DIA

ENCONTRO DE MARIA COM O VELHO SIMEÃO NO TEMPLO DE JERUSALÉM

(Lucas 2,25-35)

(Colocar-se na presença de Deus, invocando a luz do Espírito Santo.)

1. O encontro de Maria com Simeão *(Lucas 2,25-35)*

[25]E havia em Jerusalém um homem chamado Simeão que era justo e piedoso; ele esperava a consolação de Israel e o Espírito Santo estava nele. [26]Fora-lhe revelado pelo Espírito Santo que não veria a morte antes de ver o Cristo do Senhor. [27]Movido pelo Espírito, ele veio ao Templo, e quando os pais trouxeram o menino Jesus para cumprir as prescrições da Lei a seu respeito, [28]ele o tomou nos braços e bendisse a Deus, dizendo: [29] "Agora, Soberano Senhor, podes despedir em paz o teu servo, segundo a tua palavra; [30]porque meus olhos viram tua salvação, [31]que preparaste em face de todos os povos, [32]luz para iluminar as nações, e glória de teu povo, Israel". [33]Seu pai e sua mãe estavam admirados com o que diziam dele. [34]Simeão abençoou-os e disse a Maria, a mãe: "Eis que este menino foi colocado para a queda e para o soerguimento de muitos em Israel, e como um sinal de contradição – [35]e a ti, uma espada traspassará tua alma! – para que se revelem os pensamentos íntimos de muitos corações".

2. Reflexão sobre o texto

Simeão estava no Templo, quando por lá chegava um casal pobre de Nazaré com um menino recém-nascido nos braços. Era o momento em que Maria e José levavam o menino Jesus ao Templo para apresentá-lo a Deus, conforme exigia a Lei a respeito do resgate do filho primogênito (Lc 2,22-25).

O velho Simeão, apesar de já bem avançado em idade, tinha a convicção de, um dia, poder experimentar a realização das profecias: *"O Espírito Santo tinha revelado a Simeão que ele não morreria sem primeiro ver o Messias prometido pelo Senhor"* (Lc 2,26). Quando Simeão viu aquele casal com o menino nos braços, a mente dele se abriu e o Espírito o fez reconhecer a chegada da hora de Deus. Ele tomou o menino nos braços, agradeceu a Deus e fez um cântico bonito: *"Agora, Senhor, podeis deixar vosso servo ir em paz, porque meus olhos viram a salvação de Israel"* (Lc 2,29-30). O que é que viram os olhos de Simeão? Ele viu um casal pobre, lá da Galileia, com um menino nos braços. Mas sua fé enxergava a chegada do Messias, *"a salvação de Israel"*, longamente esperado durante séculos. Em seguida, *"Simeão os abençoou, e disse a Maria, mãe do menino: 'Eis que este menino vai ser causa de queda e elevação de muitos em Israel. Ele será um sinal de contradição. Quanto a você, uma espada há de atravessar-lhe a alma'"* (Lc 2,34-35).

Maria tinha dito ao anjo: *"Eis aqui a serva do Senhor!"* Quem aceita ser a **serva** do Senhor sabe que vai sofrer. O privilégio de ser a *Serva do Senhor* traz consigo muita alegria e também muito sofrimento. A espada de dor! O profeta Isaías tinha descrito as dores do **Servo** de Deus: *"Ele [o servo] era desprezado, ninguém gostava de tratar com ele. Homem das dores, acostumado a sofrer. A gente desviava o rosto para não vê-lo, deixava-o de lado e não fazia caso dele. Mas eram nossas as dores que ele carregava, nossos os sofrimentos que ele suportava! E nós o considerávamos como um leproso, ferido por Deus, humilhado por Ele. Na realidade, ele estava sendo castigado por nossos crimes, e esmagado por nossas faltas. O castigo que nos traz a paz caiu sobre ele e em suas chagas encontramos nossa cura"* (Is 53,3-5).

Sim, quem aceita ser *servo* ou *serva* de Deus não terá vida fácil. Mesmo assim, vale a pena optar pelo serviço e não pela dominação. A Mãe de Jesus nos deu o exemplo. Ela optou pelo serviço: *"Eis aqui a serva do Senhor!"*

3. Reflexões e perguntas para iluminar a vida

1. Simeão, *homem justo e piedoso*, trazia dentro de si a esperança milenar do Povo de Deus. Ele representa o Antigo Testamento, entendido como abertura para a realização das promessas de Deus. Entendido assim, o *Antigo* Testamento continua atuante em todos nós. É a atitude dos que não se fecham em si mesmos, em seu pequeno mundo, mas sabem abrir-se e buscar, para além de seu próprio mundo limitado, a realização das promessas de Deus. Qual a minha busca? Como a Bíblia me ajuda nessa minha busca e espera?

2. Simeão disse a respeito do menino: "Ele será como um sinal de contradição, para que se revelem os pensamentos íntimos de muitos corações". Como Jesus foi e continua sendo um sinal de contradição para muitos corações? E para mim?

3. Como entender a espada de dor que, no dizer do velho Simeão, atravessará a alma de Maria, a mãe de Jesus?

4. Prece final de agradecimento
(Salmo 130: A esperança não decepciona)

Minha alma aguarda o Senhor,
mais que os guardas pela aurora (v. 6a)
[1]Das profundezas clamo a ti, Yahweh:
[2]Senhor, ouve o meu grito!
Que teus ouvidos estejam atentos
ao meu pedido por graça!
[3]Se levas em conta as culpas, Yahweh,
Senhor, quem poderá resistir?
[4]Mas contigo está o perdão,
e assim infundes respeito.
[5]Eu espero, Yahweh; minha alma espera,
confiando em tua palavra;
[6]Minha alma aguarda o Senhor
mais que os guardas pela aurora.
Mais que os guardas pela aurora,
[7]aguarde Israel por Yahweh,

pois com Yahweh está o amor,
e redenção em abundância:
[8]ele vai resgatar Israel
de suas iniquidades todas.
Glória ao Pai, ao Filho, ao Espírito Santo.
Como era no princípio, agora e sempre. Amém.

Encerrar com uma Ave-Maria.

13º DIA

ENCONTRO DE MARIA COM A PROFETISA ANA NO TEMPLO DE JERUSALÉM

(Lucas 2,36-38)

(Colocar-se na presença de Deus, invocando a luz do Espírito Santo.)

1. O encontro de Maria com a profetisa Ana *(Lucas 2,36-38)*

[36]Havia também uma profetisa chamada Ana, de idade muito avançada. Ela era filha de Fanuel, da tribo de Aser. Tinha-se casado bem jovem, e vivera sete anos com o marido. [37]Depois ficou viúva, e viveu assim até os oitenta e quatro anos. Nunca deixava o Templo, servindo a Deus noite e dia, com jejuns e orações. [38]Ela chegou nesse instante, louvava a Deus, e falava do menino a todos os que esperavam a libertação de Jerusalém.

2. Reflexão sobre o texto

Ao lado do velho Simeão aparece Ana, uma viúva de 84 anos. Esses dois velhos representam o fio condutor da esperança que atravessou todo o Antigo Testamento e desembocou no Novo Testamento, com a chegada de Jesus.

A profetisa Ana era *"filha de Fanuel, da tribo de Aser. Ela casou bem jovem e viveu sete anos com seu marido. Depois ficou viúva e viveu assim até os oitenta e quatro anos de idade"* (Lc 2,36). Para a cultura daquele tempo, Ana tinha a idade perfeita. Ter 84 anos significa ter a vivência de doze ciclos de sete anos ($12 \times 7 = 84$). Depois dessa longa vida, entre jejum, oração e serviço, Deus a recompensou por tanta dedicação e Ana teve a alegria de ver o menino

Jesus. Ela estava no Templo quando Maria e José aí chegavam para apresentar o menino a Deus.

A Bíblia diz que Ana *"nunca deixava o Templo, servindo a Deus noite e dia, com jejuns e orações"*. Hoje, em nossas comunidades, há muitas *"Anas"*. São as senhoras que se dedicam ao serviço comunitário e à animação das celebrações. Elas dão uma contribuição muito importante na caminhada do povo de Deus. Muitas delas, como a profetisa Ana, com a idade já bem avançada, ainda participam dos estudos bíblicos, das pastorais sociais e das romarias. Que Deus as abençoe sempre! Como a profetisa Ana, o olhar de fé dessas nossas *"Anas"* consegue reconhecer nos meninos e nas meninas recém-nascidas um reflexo do Salvador do mundo.

3. Reflexões e perguntas para iluminar a vida

1. Ana é profetisa. Ela não só traz uma mensagem de Deus, mas ela mesma é uma mensagem viva de Deus, uma profetisa! Ela evoca as grandes mulheres do AT: Eva, Débora, Sara, Rebeca, Lia, Raquel, Tamar, Ana, Judite, Ester, a Mãe dos Macabeus, e tantas outras. Ela é o resumo e a personificação da esperança do Povo de Deus.

2. Ana era viúva e idosa, rezava sempre. Desse modo, ela sustentava o fio condutor da esperança. As Anas de hoje, com suas orações, sustentam o fio condutor da nossa fé. Existe alguma Ana assim em sua vida?

3. Em Ana, transparece o vigor da religiosidade popular daquela época. Pessoas como Ana, Simeão, Zacarias, Isabel, José, Maria e tantas outras eram o elo entre a fé de Abraão e as comunidades dos primeiros cristãos. Até hoje, a religiosidade popular é a continuidade dessa mesma fé que vem desde Abraão e Sara. O vigor da religião popular resiste ao tempo e faz nascer, cada vez de novo, novos brotos e galhos na árvore da fé. Tente enumerar alguns desses brotos e galhos que hoje estão renascendo na árvore da fé. Que manifestações da religiosidade você conhece, admira e participa?

4. Prece final de agradecimento
(Salmo 131: Entrega confiante a Deus)

Fiz calar e repousar meus desejos (v. 2)
[1]Yahweh, meu coração não se eleva,
meus olhos não se alteiam;
não ando atrás de grandezas,
não busco maravilhas que me ultrapassam.
[2]Não! Fiz calar e repousar meus desejos,
como criança desmamada no colo de sua mãe,
como criança desmamada estão em mim os meus desejos.
[3]Israel, põe tua esperança em Yahweh,
desde agora e para sempre!
Glória ao Pai, ao Filho, ao Espírito Santo.
Como era no princípio, agora e sempre. Amém.

Encerrar com uma Ave-Maria.

14º DIA

O ENCONTRO DE MARIA COM OS MAGOS DO ORIENTE, EM BELÉM

(Mateus 2,1-12)

(Colocar-se na presença de Deus, invocando a luz do Espírito Santo.)

1. O encontro de Maria com os magos *(Mateus 2,1-12)*

¹Tendo Jesus nascido em Belém da Judeia, no tempo do rei Herodes, eis que vieram magos do Oriente a Jerusalém, ²perguntando: "Onde está o rei dos judeus recém-nascido? Com efeito, vimos" a sua estrela no seu surgir e viemos homenageá-lo". ³Ouvindo isso, o rei Herodes ficou alarmado e com ele toda Jerusalém. ⁴E, convocando todos os chefes dos sacerdotes e os escribas do povo, procurou saber deles onde havia de nascer o Cristo. ⁵Eles responderam: "Em Belém da Judeia, pois é isto que foi escrito pelo profeta: ⁶*E tu, Belém, terra de Judá, de modo algum és o menor entre os clãs de Judá, pois de ti sairá um chefe que apascentará Israel, o meu povo".* ⁷Então Herodes mandou chamar secretamente os magos e procurou certificar-se com eles a respeito do tempo em que a estrela tinha aparecido. ⁸E, enviando-os a Belém, disse-lhes: "Ide e procurai obter informações exatas a respeito do menino e, ao encontrá-lo, avisai-me, para que também eu vá homenageá-lo". ⁹A essas palavras do rei, eles partiram. E eis que a estrela que tinham visto no seu surgir ia à frente deles até que parou sobre o lugar onde se encontrava o menino. ¹⁰Eles, revendo a estrela, alegraram-se imensamente. ¹¹Ao entrar na casa, viram o menino com Maria, sua mãe, e, prostrando-se, o homenagearam. Em seguida, abriram seus cofres e ofereceram-lhe presentes: *ouro, incenso e mirra.* ¹²Avisados em sonho que não voltassem a Herodes, regressaram por outro caminho para a sua região.

2. Reflexão sobre o texto

É o evangelho de Mateus que conservou a memória da visita dos Magos do Oriente. Os magos simbolizam todas as nações não judias que buscam e encontram em Jesus uma resposta aos desejos mais profundos do coração humano. Eles simbolizam nossa busca, nossa teimosia em nunca desistir da busca e da esperança.

Os magos eram estrangeiros, provavelmente jovens, em busca de um sentido para sua vida. A tradição posterior diz que eles eram reis: Melchior, rei da Pérsia; Gaspar, rei da Índia; Baltazar, rei da Etiópia. Eles investigavam a natureza e o firmamento e, nessa sua busca, descobriram uma estrela diferente que os levou até o rei Herodes em Jerusalém.

Herodes ficou alarmado e reuniu os doutores da lei para saber em qual lugar nasceria o rei dos judeus. Os doutores consultaram a Bíblia e lá encontraram a seguinte resposta do profeta Miqueias: *"Mas você, Belém de Éfrata, tão pequena entre as principais cidades de Judá. É de você que sairá para mim aquele que há de ser o chefe de Israel"* (Mq 5,1). Assim, guiados pela estrela e pela Palavra de Deus, os Magos foram até Belém e encontraram o menino Jesus e Maria sua mãe.

Eles procuravam um rei e encontram uma jovem mãe com uma criança pobre recém-nascida, deitada em uma manjedoura. Um outro talvez teria dito: "Não pode ser! Deve ser um engano!" Mas os Magos acreditaram, ajoelharam-se diante da criança e a adoraram, oferecendo seus presentes: o **ouro** das alegrias e coisas boas da vida, a **mirra** das tristezas e dificuldades da caminhada, e o **incenso** das orações e da busca de Deus. Foi uma conversão muito grande: acreditar que aquela criança era o rei dos judeus que eles buscavam.

Cada um de nós tem uma estrela que o orienta e o guia, e que, como a estrela dos magos, aparece e desaparece. Mas nem todas as estrelas servem para mostrar o caminho até a gruta de Belém. Herodes quis aproveitar-se da estrela para matar o menino Jesus. Como discernir as estrelas que aparecem ao longo dos anos da nossa vida?

A resposta a essa pergunta é fazer o que fizeram os magos. Eles consultaram algumas pessoas de confiança e estas foram olhar na Bíblia. São as conversas com pessoas amigas e a leitura orante da

Bíblia que nos ajudam a descobrir o caminho até a gruta de Belém para poder encontrar Jesus e Maria sua mãe.

3. Reflexões e perguntas para iluminar a vida

1. Os Magos do Oriente eram pessoas que buscavam um sentido para sua vida. Pessoas sem preconceitos, abertas para a verdade. Só a estrela não bastou para eles encontrarem aquilo que buscavam. Foi a conversa com pessoas amigas e a leitura da Bíblia que os ajudaram a encontrar o que buscavam. Como isso acontece comigo?

2. São três as coisas que ajudam a encontrar Jesus no presépio: a estrela, a Bíblia e a conversa. A *Estrela* é a natureza, os fatos da vida; é o *primeiro* Livro de Deus, que interpela nossa consciência. A *Bíblia* é o *segundo* Livro de Deus, que nos ajuda a descobrir o apelo de Deus na natureza e nos fatos da vida. A *Conversa* representa a comunidade e supõe a humildade de reconhecer que sozinho não dou conta de encontrar o rumo na vida; preciso do conselho dos outros. É o diálogo entre o *primeiro* e o *segundo* Livro de Deus.

3. Os magos não eram membros do povo de Israel. Mesmo assim, por suas perguntas, eles ajudaram os próprios doutores da lei a encontrarem a luz na Bíblia. A mulher Siro-fenícia não era membro do povo de Deus, mas, por sua insistência, ela fez com que o próprio Jesus descobrisse melhor o sentido de sua missão como messias: não só para "as ovelhas perdidas de Israel", mas para toda a humanidade (Mt 15,21-28). Já aconteceu comigo de eu ter sido ajudado na fé por uma pessoa de outra cultura, outra raça, outra fé ou de outra religião?

4. Prece final de agradecimento
(Salmo 132,1-10: A morada de Deus no meio do povo)
Aqui vou habitar, porque eu a desejei! (v. 14b)
[1]Yahweh, lembra-te de Davi,
de suas fadigas todas
[2]do juramento que ele fez a Yahweh,
de seu voto ao Poderoso de Jacó:
[3]"Não entrarei na tenda, minha casa,

nem subirei à cama em que repouso,
⁴não darei sono aos meus olhos
nem descanso às minhas pálpebras,
⁵até que eu encontre um lugar para Yahweh,
moradia para o Poderoso de Jacó".
⁶Eis que ouvimos falar dela em Éfrata,
nós a encontramos nos Campos de Jaar.
⁷Entremos no lugar em que ele mora,
prostremo-nos diante do seu pedestal.
⁸Levanta-te, Yahweh, para teu repouso,
tu e a arca de tua força.
⁹Que teus sacerdotes se vistam de justiça,
e teus fiéis exultem de alegria.
¹⁰Por causa de Davi, teu servo,
não rejeites a face de teu ungido.
Glória ao Pai, ao Filho, ao Espírito Santo.
Como era no princípio, agora e sempre. Amém.

Encerrar com uma Ave-Maria.

15º DIA

O ENCONTRO DE MARIA COM O POVO DO EGITO, QUANDO TEVE DE FUGIR DO REI HERODES

(Mateus 2,13-18)

(Colocar-se na presença de Deus, invocando a luz do Espírito Santo.)

1. A fuga para o Egito *(Mateus 2,13-18)*

[13]Após sua partida, eis que o Anjo do Senhor manifestou-se em sonho a José e lhe disse: "Levanta-te, toma o menino e sua mãe e foge para o Egito. Fica lá até que eu te avise, porque Herodes vai procurar o menino para o matar". [14]Ele se levantou, tomou o menino e sua mãe, durante a noite, e partiu para o Egito. [15]Ali ficou até a morte de Herodes, para que se cumprisse o que dissera o Senhor por meio do profeta: do Egito chamei o meu filho.[16]Então Herodes, percebendo que fora enganado pelos magos, ficou muito irritado e mandou matar, em Belém e em todo seu território, todos os meninos de dois anos para baixo, conforme o tempo de que havia se certificado com os magos. [17]Então cumpriu-se o que fora dito pelo profeta Jeremias: [18]Ouviu-se uma voz em Ramá, choro e grande lamentação: Raquel chora seus filhos e não quer consolação, porque eles já não existem.

2. Reflexão sobre o texto

O rei Herodes, quando percebeu que havia sido enganado pelos magos, ficou irritado e mandou matar todos os meninos recém-nascidos em Belém. Por isso, José e Maria tiveram de fugir para o Egito com o menino Jesus. Muitos quilômetros de viagem, a pé! Difícil para nós imaginar como foi a viagem e a permanência deles lá no Egito. Faz pensar nos migrantes do interior do Ceará que chegam na rodoviária Tietê em São Paulo: outro mundo, outro país, outra cultura, tudo totalmente diferente. Faz pensar nos milhares de refugiados da Síria chegando na Europa; nos pobres de Haiti chegando em Belém do Pará; nos venezuelanos fugindo da fome e chegando no Brasil. Evoca a prepotência autoritária dos "Herodes" de hoje, os poderosos que não se preocupam com os pobres.

Não sabemos quanto tempo Maria e José ficaram no Egito. Eles não tinham TV, nem rádio, nem celular, para obter notícias a respeito de Herodes. Dependiam das notícias levadas pelo povo, pelos rumores e boatos, pelos anjos e pelas anjas.

Anteriormente, por causa do recenseamento decretado pelo imperador de Roma, Maria e José tiveram de viajar em torno de 150 quilômetros de Nazaré até Belém. Naquela ocasião, Maria estava no nono mês da gravidez. De Belém até o Egito são outros 400 quilômetros. Agora, depois da morte de Herodes, José é avisado em sonho e, com Maria e o menino Jesus, ele volta para a terra de Israel. Ele pensava em ir morar em Belém na Judeia, *mas quando soube que Arquelau era rei da Judeia em lugar de seu pai Herodes, teve medo de ir para lá.* É que Arquelau era pior que o pai. O historiador daquela época, chamado Flávio José, informa que Arquelau, só no dia de sua tomada de posse, matou e crucificou em torno de 3.000 pessoas na praça do templo e ao redor de Jerusalém. Por isso, em vez de ir a Belém na Judeia, José viajou direto para Nazaré na Galileia. Do Egito até Nazaré, são mais de 600 quilômetros.

Nessas caminhadas de ida e volta, ao todo mais de mil quilômetros, Maria e José com o menino Jesus nos braços são vítimas do poder arbitrário dos poderosos que não se importam com o destino dos pequenos. Mas *"Deus escolheu o que é fraqueza no mundo, para confundir o que é forte"* (1Cor 1,27). É para esses fracos sem poder que Jesus veio anunciar a Boa-Nova: *"O Espírito do Senhor está sobre mim, porque ele me ungiu para evangelizar os pobres; enviou-me para proclamar a remissão aos presos e aos cegos a recuperação da vista, para restituir a liberdade aos oprimidos e para proclamar um ano de graça do Senhor"* (Lc 4,18-19).

3. Reflexões e perguntas para iluminar a vida

1. Pense só nos problemas da caminhada, da hospedagem, da língua, da comida, do cuidado com o menino Jesus recém-nascido, lá no Egito. Já aconteceu com você, alguma vez, a experiência de viver em um país estrangeiro?

2. Mateus escreveu seu evangelho para os judeus convertidos. Ele tem a preocupação de mostrar que em Jesus estavam se realizando as profecias. Por isso, várias vezes ele ilumina os fatos da vida de Jesus dizendo: "Isto aconteceu para que se cumprisse o que disse o profeta ..." (cf. Mt 1,22-23; 2,5-6; 2,15; 2,17-18; 2,23; 3,3; 4,14-16; etc.). Aplicando a Jesus a profecia de Oseias *"Do Egito chamei o meu filho"* (Os 11,1; Mt 2,15), Mateus sugere que com Jesus começa o novo Êxodo, a nova saída do Egito em busca da liberdade.

4. Prece final de agradecimento
(Salmo 133: Comunidade de Vida)

Vede: como é bom, como é agradável
habitar todos juntos, como irmãos (v. 1)
¹Vede: como é bom, como é agradável
habitar todos juntos, como irmãos.
²É como óleo fino sobre a cabeça,
descendo pela barba,
pela barba de Aarão,
descendo sobre a gola de suas vestes.
³É como o orvalho do Hermon,
descendo sobre os montes de Sião;
porque aí Yahweh dá a bênção,
a vida para sempre.
Glória ao Pai, ao Filho, ao Espírito Santo.
Como era no princípio, agora e sempre. Amém.

Encerrar com uma Ave-Maria.

16º DIA

O REENCONTRO DE MARIA COM JESUS NO TEMPLO EM JERUSALÉM, APÓS TRÊS DIAS DE BUSCA

(Lucas 2,41-50)

(Colocar-se na presença de Deus, invocando a luz do Espírito Santo.)

1. O reencontro com Jesus no Templo *(Lucas 2,41-50)*

[41]Seus pais iam todos os anos a Jerusalém para a festa da Páscoa. [42]Quando o menino completou doze anos, segundo o costume, subiram para a festa. [43]Terminados os dias, eles voltaram, mas o menino Jesus ficou em Jerusalém, sem que seus pais o notassem. [44]Pensando que ele estivesse na caravana, andaram o caminho de um dia, e puseram-se a procurá-lo entre os parentes e conhecidos. [45]E não o encontrando, voltaram a Jerusalém à sua procura. [46]Três dias depois, eles o encontraram no Templo, sentado em meio aos doutores, ouvindo-os e interrogando-os; [47]e todos os que o ouviam ficavam extasiados com sua inteligência e com suas respostas. [48]Ao vê-lo, ficaram surpresos, e sua mãe lhe disse: "Meu filho, por que agiste assim conosco? Olha que teu pai e eu, aflitos, te procurávamos". [49]Ele respondeu: "Por que me procuráveis? Não sabíeis que devo estar na casa de meu Pai?" [50]Eles, porém, não compreenderam a palavra que ele lhes dissera.

2. Reflexão sobre o texto

No retorno da caravana dos romeiros de Jerusalém para Nazaré, Maria e José perderam o contato com o menino Jesus e só o reencontraram três dias depois, no Templo. A Bíblia diz que *"ao vê-lo,* seus pais ficaram emocionados. Sua mãe lhe disse: 'Meu filho, por que você fez isso conosco? Olhe que seu pai e eu estávamos angustiados, à sua procura'. Jesus respondeu: 'Por que me procuravam? Não sabiam que eu devo estar na casa do meu Pai?' Mas eles não compreenderam o que o menino acabava de lhes dizer" (Lc 2,48-50).

Esse diálogo entre Maria e Jesus é muito significativo para nós. Maria não tinha entendido o motivo que levou Jesus a ficar no Templo, sem avisar os pais: "Por que fez isto conosco?" E agora ela não entendeu a resposta de Jesus. Maria não entendeu o gesto nem as palavras de Jesus. Isso traz uma consolação e uma orientação para nós.

A consolação. Olhando para o que aconteceu com Maria, estamos olhando no espelho e vemos o que acontece conosco. Pois, muitas vezes, lemos a Bíblia e não entendemos o significado das palavras. Outras vezes, não entendemos o sentido dos fatos que acontecem conosco na vida. É um consolo para nós saber que a mãe de Jesus teve o mesmo problema, pois ela também não entendeu as palavras nem os gestos de Jesus.

A orientação. Olhando nesse espelho encontramos não só consolo, mas também uma orientação. Para poder entender as palavras e os gestos de Jesus, Maria "conservava no coração todas essas coisas" (Lc 2,51). Ela nos ensina a recordar, a rezar e a insistir até que a luz apareça e ilumine nossas trevas.

Hoje em dia, sem dizê-lo abertamente, muitos pais se perguntam: "Como é que Maria e José podiam viajar durante mais de um dia, sem se dar conta de que o filho de apenas doze anos não estava com eles? Hoje, seria difícil você imaginar um casal fazer uma romaria até Aparecida (SP) e não se dar conta de que o filho, ainda menor, não está com eles no retorno para casa. Naquela época, as caravanas dos romeiros eram organizadas da seguinte maneira. Um grupo dos homens ia na frente; as mulheres com crianças andavam no meio, e um outro grupo de homens ia no fim. Os meninos já mais crescidos podiam ficar com os homens ou com as mulheres. Por isso, Maria e José não se preocuparam. Maria pensava: "Jesus deve estar com José, com os homens!"

José pensava: "Jesus deve estar com Maria, com as mulheres!" Eles só se deram conta da falta do menino quando, à noite do primeiro dia de viagem, pararam para descansar e dormir.

3. Reflexões e perguntas para iluminar a vida

1. Maria nem sempre entendia os gestos e as palavras de Jesus. Para poder entender, ela *"conservava no coração todas essas coisas"* (Lc 2,51). Quando eu leio a Bíblia, muitas vezes não entendo o que estou lendo. O que faço para poder entender? Imito a atitude de Maria?

2. Problemas imprevistos fazem sofrer. Perder o filho de doze anos em uma romaria, mais de cem quilômetros fora de casa, faz sofrer e traz angústias para os pais. Como deve ter ficado o coração de Maria e de José quando não encontraram o filho no fim do primeiro dia?

4. Prece final de agradecimento
(Salmo 134: A Bênção de Deus no fim da Romaria)

Que Deus te abençoe de Sião, ele que fez o céu e a terra (v. 3)
[1]E agora, bendizei a Yahweh,
servos todos de Yahweh!
Vós que servis na casa de Yahweh
durante a noite.
[2]Levantai vossas mãos para o santuário
e bendizei a Yahweh!
[3]Que Deus te abençoe de Sião,
ele que fez o céu e a terra.
Glória ao Pai, ao Filho, ao Espírito Santo.
Como era no princípio, agora e sempre. Amém.

Encerrar com uma Ave-Maria.

17º DIA

A CONVIVÊNCIA DE MARIA COM JESUS DURANTE OS TRINTA ANOS EM NAZARÉ

(Lucas 2,39-40.51-52)

(Colocar-se na presença de Deus, invocando a luz do Espírito Santo.)

1. Os trinta anos de Jesus em Nazaré *(Lucas 2,39-40.51-52)*

[39]Quando acabaram de cumprir todas as coisas, conforme a Lei do Senhor, voltaram para Nazaré, sua cidade, que ficava na Galileia. [40]O menino crescia e ficava forte, cheio de sabedoria. E a graça de Deus estava com ele. [51]Jesus desceu então com seus pais para Nazaré, e permaneceu obediente a eles. E sua mãe conservava no coração todas essas coisas. [52]E Jesus crescia em sabedoria, em tamanho e graça, diante de Deus e dos homens.

2. Reflexão sobre o texto

Além desses dois trechos do evangelho de Lucas, a Bíblia informa quase nada a respeito dos trinta anos que Jesus viveu em Nazaré. O evangelho de Mateus apenas diz que, depois da fuga no Egito, *"José foi morar em uma cidade chamada Nazaré"* (Mt 2,23).

Trinta anos em Nazaré! Trinta anos para crescer em sabedoria, tamanho e graça diante de Deus e dos homens (cf. Lc 2,52). Essa afirmação deixa entrever algo do mistério da encarnação da Palavra de Deus em Jesus.

Crescer em **tamanho** é nascer pequeno, crescer aos poucos e tornar-se adulto. É o processo de cada ser humano, com suas alegrias e tristezas, amores e raivas, descobertas e frustrações. Isso, Jesus o aprendeu convivendo com a família em casa, com Maria e José, com os avós, os parentes, tios e tias, sobrinhos e sobrinhas. Foi seu crescimento *biológico*.

*Crescer em **sabedoria*** é assimilar os conhecimentos da experiência humana diária, acumulada ao longo dos séculos nas tradições e nos costumes do povo. Isso, Jesus o aprendeu convivendo em casa e com o povo de Nazaré, durante os trinta anos que por lá viveu. Foi seu crescimento *intelectual*.

*Crescer em **graça*** é descobrir a presença e o chamado de Deus nos fatos da vida, em tudo que nos acontece. Tudo isso, Jesus o aprendeu nas Sagradas Escrituras, na comunidade, nas celebrações, nas romarias, na família, no trabalho, na carpintaria, na luta de cada dia, no silêncio, na contemplação da natureza, nas longas orações ao Pai. A Bíblia diz que *a graça de Deus estava com ele* (Lc 2,20). Foi seu crescimento *espiritual*.

Lucas diz a respeito da atitude de Maria: *"Maria conservava no coração todas essas coisas"* (Lc 2,51). É conservando tudo *no coração* que Maria procurava penetrar no sentido das palavras e dos gestos de Jesus. Ela fazia passar tudo pelo *coração*! Conforme afirma o livro do Eclesiástico, o coração da gente é de confiança. Ele diz: *"Siga o conselho de seu próprio coração, porque mais do que este ninguém será fiel a você. O coração do homem frequentemente o avisa melhor do que sete sentinelas colocadas no alto da torre. Mas, além disso tudo, reze ao Altíssimo para que dirija seu comportamento conforme a verdade"* (Eclo 37,13-15). Assim fazia Maria para descobrir a Palavra de Deus nos fatos da vida. Assim ela deve ter ensinado a Jesus, durante aqueles trinta anos em que ele, *"obediente"* (Lc 2,51), viveu com ela em Nazaré. Essa é a orientação que dela recebemos. Maria ajudou Jesus a crescer, e Deus cresceu nele. Até hoje, ela faz Jesus crescer em nós.

3. Reflexões e perguntas para iluminar a vida

1. Crescer, a gente cresce devagar, como *"água mole em pedra dura tanto bate até que fura"*. A gente quase nem nota. Percebe quando você olha para trás e vai lembrando tudo que aconteceu ao longo dos

anos. Como é que isso se deu em Jesus naqueles 30 anos em Nazaré? Convivendo com Maria e José, ele crescia em sabedoria, tamanho e graça diante de Deus e dos homens. Como se deu isso em minha vida? Como é que Jesus me ajudou e me ajuda a crescer na vida?

2. Jesus dizia: *"Meu alimento é fazer a vontade daquele que me enviou"* (Jo 4,34). Jesus era obediente. Diz a Bíblia: *"Jesus desceu com seus pais para Nazaré, e permaneceu obediente a eles"* (Lc 2,51). O apóstolo Paulo completa a informação sobre a obediência de Jesus dizendo: *"Obediente até a morte, e morte de cruz"* (Fl 2,6). Um longo processo que durou 33 anos. A quem eu obedeço? Por quê?

4. Prece final de agradecimento
(Salmo 135,1-9.19-21: *Hino de louvor ao Criador e Senhor da história)*

Yahweh, teu nome é para sempre! (v. 13)

[1]Aleluia! Louvai o nome de Yahweh,
louvai, servos de Yahweh!

[2]Vós que servis na casa de Yahweh,
nos átrios da casa do nosso Deus.

[3]Louvai a Yahweh, porque Yahweh é bom,
tocai ao seu nome, porque é agradável.

[4]Pois Yahweh escolheu Jacó para si,
fez de Israel sua propriedade.

[5]Sim, eu sei que Yahweh é grande,
que nosso Senhor supera os deuses todos.

[6]Yahweh faz tudo o que deseja no céu e sobre a terra,
nos mares e nos abismos todos.

[7]Faz subir as nuvens do horizonte,
faz os relâmpagos para que chova,
tira o vento de seus reservatórios.

[8]Ele feriu os primogênitos do Egito,
desde o homem até aos animais.

[9]Enviou sinais e prodígios no meio de ti, ó Egito,
contra o Faraó e todos os seus ministros.

[19]Casa de Israel, bendizei a Yahweh!

Casa de Aarão, bendizei a Yahweh!
[20]Casa de Levi, bendizei a Yahweh!
Vós que temeis a Yahweh, bendizei a Yahweh!
[21]Que Yahweh seja bendito em Sião,
ele que habita em Jerusalém!
Glória ao Pai, ao Filho, ao Espírito Santo.
Como era no princípio, agora e sempre. Amém.

Encerrar com uma Ave-Maria.

18º DIA

O ENCONTRO DE MARIA COM JESUS EM UMA FESTA DE CASAMENTO, EM CANÁ DA GALILEIA

(João 2,1-12)

(Colocar-se na presença de Deus, invocando a luz do Espírito Santo.)

1. A festa de casamento em Caná da Galileia *(João 2,1-12)*

[1]No terceiro dia, houve uma festa de casamento em Caná da Galileia, e a mãe de Jesus estava aí. [2]Jesus também tinha sido convidado para essa festa de casamento, com seus discípulos. [3]Faltou vinho e a mãe de Jesus lhe disse: "Eles não têm mais vinho!" [4]Jesus respondeu: "Mulher, que existe entre nós? Minha hora ainda não chegou". [5]Sua mãe disse aos serventes: *"Fazei tudo o que ele vos disser".* [6]Havia ali seis talhas de pedra para a purificação dos judeus, cada uma contendo de duas a três medidas. [7]Jesus lhes disse: "Enchei as talhas de água". Eles as encheram até à borda. [8]Então lhes disse: "Tirai agora e levai ao mestre-sala". Eles levaram. [9]Quando o mestre-sala provou a água transformada em vinho – ele não sabia de onde vinha, mas o sabiam os serventes que haviam retirado a água – chamou o noivo [10]e lhe disse: "Todo homem serve primeiro o vinho bom e, quando os convidados já estão embriagados, serve o inferior. Tu guardaste o vinho bom até agora!" [11]Esse princípio dos sinais, Jesus o fez em Caná da Galileia e manifestou a sua glória e os seus discípulos creram nele. [12]Depois disso, desceram a Cafarnaum, ele, sua mãe, seus irmãos e seus discípulos, e ali ficaram apenas alguns dias.

2. Reflexão sobre o texto

É o evangelho de João que traz a notícia da presença de Maria na festa de casamento em Caná da Galileia. João é diferente na maneira de relatar os fatos da vida de Jesus. Mateus, Marcos e Lucas tiram fotografia. João tira fotografia e raio X, ao mesmo tempo. A fotografia mostra os fatos. O raio X revela aquilo que a olho nu não se vê, mas que só o olhar da fé consegue enxergar. João mostra os fatos e, ao mesmo tempo, revela a dimensão escondida de Deus que existe dentro dos fatos da vida de Jesus. Assim, ele nos ajuda a penetrar mais profundamente no mistério da pessoa e da mensagem de Jesus.

Na festa do casamento em Caná, a Mãe de Jesus aparece como pessoa muito atenta às necessidades dos outros. Ela percebe que estava faltando vinho. Por isso, dirige-se a Jesus para solucionar o problema: *"Eles não têm mais vinho"* (Jo 2,3). Esse é o fato que aparece na fotografia. Mas João enxerga no fato uma dimensão mais profunda. Para ele, a Mãe de Jesus representa também o povo do Antigo Testamento, que vivia à espera da realização das promessas. Motivada pela falta de vinho, a Mãe vai falar com o filho. O Antigo Testamento reconhece os limites da antiga aliança e diz: *"Eles não têm mais vinho!"* A economia da salvação do AT tinha esgotado todos os seus recursos. Já não era capaz de realizar o grande sonho da festa do casamento entre Deus e seu povo, alimentado pelos profetas (cf. Os 2,11; 11,21; Is 54,4-8). Sem o vinho, essa festa corria o perigo de fracassar.

A mãe de Jesus contribui para que o Novo chegue. Ela é o elo entre o que havia antes e o que virá depois. Ela recorre a Jesus, pois era nele que estava chegando a possibilidade para superar os limites da antiga aliança e de realizar, finalmente, a grande promessa da união entre Deus e seu povo. Jesus responde: *"Minha hora ainda não chegou"* (Jo 2,4). A hora de Jesus será a hora de sua morte e ressurreição.

A Mãe de Jesus diz aos empregados: *"Fazei tudo o que ele vos disser"* (Jo 2,5). Esse é o último recado do AT: daqui para frente, a chave para entender toda a história do povo de Deus é Jesus: *"Fazei tudo o que ele disser!"* É o que o Antigo Testamento, a mãe de Jesus, diz até hoje para todos nós.

Jesus manda encher os seis potes de pedra, cada um com 100 litros. A pedido de Jesus, os empregados levam da água para o coordenador dos empregados, e este descobre: Virou vinho! Vinho dos melhores. Seiscentos litros! Uma amostra de como vai ser a festa final! Você pergunta: "O que fizeram com o vinho que sobrou?" Resposta implícita de João: *"Estamos bebendo até hoje!"*

3. Reflexões e perguntas para iluminar a vida

1. Maria está presente, percebe o problema do casal e toma uma iniciativa para solucionar o problema. Ela foi falar com Jesus. Quais são as minhas atitudes diante dos problemas dos outros? Fico indiferente, ou tomo alguma iniciativa?

2. A imagem do matrimônio era usada pelos profetas para significar a união que Deus deseja realizar com seu povo, com todos nós. Mas o AT esgotou todos os seus recursos. As ânforas estavam vazias. O próprio AT reconhece que já não consegue realizar a purificação do povo diante de Deus. Por isso recorre a Jesus. Como eu faço, quando sinto minhas limitações? De que maneira eu acolho em minha vida a novidade trazida por Jesus? A quem eu peço ajuda?

4. Prece final de agradecimento
(Salmo 138: *Oração pessoal de ação de graças*)

Não abandones a obra de tuas mãos! (v. 8)
¹Eu te celebro, Yahweh, de todo o coração,
pois ouviste as palavras da minha boca.
Na presença dos anjos eu canto a ti,
²e me prostro voltado para teu sagrado Templo.
Celebro teu nome, por teu amor e tua verdade,
pois tua promessa supera tua fama.
³Quando eu gritei, tu me ouviste
e aumentaste a força dentro de mim.
⁴Todos os reis da terra te celebrem, Yahweh,
pois eles ouvem as promessas de tua boca;
⁵e cantem os caminhos de Yahweh:

"Grande é a glória de Yahweh!
[6]Yahweh é excelso! Ele vê o humilde,
e conhece o soberbo de longe".
[7]Se eu caminho no meio da angústia,
tu me conservas a vida;
contra a ira do meu inimigo estendes o braço,
e tua direita me salva.
[8]Yahweh fará tudo por mim:
Yahweh, teu amor é para sempre!
Não abandones a obra de tuas mãos!
Glória ao Pai, ao Filho, ao Espírito Santo.
Como era no princípio, agora e sempre. Amém.

Encerrar com uma Ave-Maria.

19º DIA

O ENCONTRO DE MARIA COM JESUS QUANDO ELE FALAVA AO POVO NA SINAGOGA, EM NAZARÉ

(Lucas 4,14-30)

(Colocar-se na presença de Deus, invocando a luz do Espírito Santo.)

1. O encontro com Jesus na Sinagoga *(Lucas 4,14-30)*

[14]Jesus voltou então para a Galileia, com a força do Espírito, e sua fama espalhou-se por toda a região circunvizinha. [15]Ensinava em suas sinagogas e era glorificado por todos. [16]Ele foi a Nazaré, onde fora criado, e, segundo seu costume, entrou em dia de sábado na sinagoga e levantou-se para fazer a leitura. [17]Foi-lhe entregue o livro do profeta Isaías; abrindo-o, encontrou o lugar onde está escrito: [18]O Espírito do Senhor está sobre mim, porque ele me ungiu para evangelizar os pobres; enviou-me para proclamar a remissão aos presos e aos cegos a recuperação da vista, para restituir a liberdade aos oprimidos [19]e para proclamar um ano de graça do Senhor. [20]Enrolou o livro, entregou-o ao servente e sentou-se. Todos na sinagoga olhavam-no, atentos. [21]Então começou a dizer-lhes: "Hoje se cumpriu aos vossos ouvidos essa passagem da Escritura". [22]Todos testemunhavam a seu respeito, e admiravam-se das palavras cheias de graça que saíam de sua boca. E diziam: "Não é o filho de José?" [23]Ele, porém, disse: "Certamente ireis citar-me o provérbio: Médico, cura-te a ti mesmo. Tudo o que ouvimos dizer que fizeste em Cafarnaum, faze-o também aqui em tua pátria". [24]Mas em seguida acrescentou:

"Em verdade vos digo que nenhum profeta é bem recebido em sua pátria. ²⁵De fato, eu vos digo que havia em Israel muitas viúvas nos dias de Elias, quando por três anos e seis meses o céu permaneceu fechado e uma grande fome devastou toda a região; ²⁶Elias, no entanto, não foi enviado a nenhuma delas, exceto a uma viúva, em Sarepta, na região de Sidônia. ²⁷Havia igualmente muitos leprosos em Israel no tempo do profeta Eliseu; todavia, nenhum deles foi purificado, a não ser o sírio Naamã". ²⁸Diante dessas palavras, todos na sinagoga se enfureceram. ²⁹E, levantando-se, expulsaram-no para fora da cidade e o conduziram até um cimo da colina sobre a qual a cidade estava construída, com a intenção de precipitá-lo de lá. ³⁰Ele, porém, passando pelo meio deles, prosseguia seu caminho...

2. Reflexão sobre o texto

A Bíblia não menciona a presença de Maria. Mas era um dia de sábado. Como Jesus, Maria, sua mãe, tinha o costume de participar da celebração da comunidade aos sábados. Ela devia estar presente e deve ter presenciado o conflito entre Jesus e o povo de Nazaré.

Após o batismo no Rio Jordão, Jesus, animado pelo Espírito, começou a anunciar a Boa-Nova do Reino. Andando e ensinando pelas comunidades, ele chegou em Nazaré, onde havia sido criado. No sábado seguinte, conforme seu costume, ele vai à sinagoga para participar da celebração (Lc 4,14-16). Ele se levanta para fazer a leitura e escolhe o texto de Isaías que falava dos pobres, dos presos, dos cegos e dos oprimidos. O texto era um retrato fiel da situação do povo da Galileia no tempo de Jesus. Jesus toma posição e, usando as palavras de Isaías, define sua missão: *"O Espírito do Senhor está sobre mim, porque ele me ungiu para evangelizar os pobres; enviou-me para proclamar a remissão aos presos e aos cegos a recuperação da vista, para restituir a liberdade aos oprimidos e para proclamar um ano de graça do Senhor"* (Lc 4,18-19; cf. Is 61,1-2).

Terminada a leitura, Jesus diz: *"Hoje se cumpriu esta escritura nos ouvidos de vocês!"* Essa sua maneira de ligar a Bíblia com a vida do povo provocou uma reação de descrédito. Muitos ficaram escandalizados e já não queriam saber dele. Diziam: *"Não é este o filho de José?"* (Lc 4,22). No momento em que Jesus apresentou seu projeto de acolher os excluídos, ele mesmo foi excluído (Lc 4,20-22) e repetiu para o povo: *"Nenhum profeta é bem recebido em sua pátria"* (Lc 4,24).

Para ajudar a comunidade de Nazaré a superar o escândalo, Jesus usou duas histórias bem conhecidas do AT, uma de Elias (1Rs 17,7-16) e outra de Eliseu (2Rs 5,9-14). Jesus contou essas histórias para questionar o fechamento do povo de Nazaré. Mas em vez de aceitar a crítica, o povo se fechou mais ainda e ficou com tanta raiva de Jesus, a ponto de querer matá-lo (Lc 4,29). E Jesus manteve a calma. A raiva dos outros não conseguiu desviá-lo de seu caminho. Esse fato mostra como é difícil superar a mentalidade do privilégio e do fechamento das pessoas (Lc 4,23-30).

Como a Mãe de Jesus viveu esse conflito de seu filho com o povo da comunidade? Não o sabemos. Mas a atitude de Jesus deve ter sido uma consequência daquilo que ele aprendeu com sua mãe. Maria deve ter dado graças a Deus por Jesus ter tido aquela coragem de discordar do povo e dos parentes. Ao mesmo tempo, aquele conflito deve ter sido um pedacinho da espada de dor de que tinha falado o velho Simeão (Lc 2,35).

3. Reflexões e perguntas para iluminar a vida

1. Jesus cresceu e se formou em Nazaré. Aos trinta anos se mudou para Cafarnaum. Todos o conheciam. Agora ele reaparece em Nazaré e começa a ensinar. A reação do povo era contrária: "Ele vai ensinar para nós? Ele não é o filho da Maria?" Jesus disse: "Nenhum profeta é bem recebido em sua pátria" (Lc 4,24). Isso acontece hoje? Algo semelhante já aconteceu com você?

2. Na época de Jesus, a Lei de Deus era usada por alguns para legitimar a exclusão de muita gente: de mulheres, samaritanos, estrangeiros, leprosos, possessos, doentes etc. Era o contrário da fraternidade que Deus sonha para todos! A experiência que Jesus tinha de Deus como Pai amoroso dava a ele um novo olhar para avaliar a realidade e perceber o que estava errado na vida de seu povo. E você, em sua família existe algum conflito por causa de Jesus?

4. Prece final de agradecimento
(Salmo 15: A única porta para chegar até Deus)

Yahweh, quem pode hospedar-se em tua tenda?
Quem pode morar em teu monte santo? (v. 1)
[1]Yahweh, quem pode hospedar-se em tua tenda?
Quem pode habitar em teu monte santo?
[2]Aquele que anda com integridade,
pratica a justiça
e fala a verdade em seu coração;
[3]não tem a língua solta,
não faz mal a seu próximo
nem difama seu vizinho;
[4]despreza o ímpio com o olhar,
mas honra os que temem a Yahweh.
Sustenta o que jurou, mesmo com prejuízo seu;
[5]não empresta dinheiro com usura,
nem aceita suborno contra o inocente.
Quem age deste modo jamais vacilará.
Glória ao Pai, ao Filho, ao Espírito Santo.
Como era no princípio, agora e sempre. Amém.

Encerrar com uma Ave-Maria.

20º DIA

O ENCONTRO DE MARIA COM OS PARENTES NA CIDADE DE CAFARNAUM

(Marcos 3,31-35)

(Colocar-se na presença de Deus, invocando a luz do Espírito Santo.)

1. O encontro com os parentes *(Marcos 3,31-35)*

³¹Chegaram então sua mãe e seus irmãos e, ficando do lado de fora, mandaram chamá-lo. ³²Havia uma multidão sentada em torno dele. Disseram-lhe: "Eis que tua mãe, teus irmãos e tuas irmãs estão lá fora e te procuram". ³³Ele perguntou: "Quem é minha mãe e meus irmãos?" ³⁴E, repassando com o olhar os que estavam sentados ao seu redor, disse: "Eis a minha mãe e os meus irmãos. ³⁵Quem fizer a vontade de Deus, esse é meu irmão, irmã e mãe".

2. Reflexão sobre o texto

O texto que vamos meditar vem do evangelho de Marcos. Marcos fala pouco da Mãe de Jesus. No evangelho dele, Maria só aparece duas vezes: aqui, com os parentes (Mc 3,31-35), e, mais adiante, nas palavras do povo de Nazaré (Mc 6,3-4). O texto de hoje trata do conflito entre Jesus e seus parentes.

Depois de ter iniciado o anúncio da Boa-Nova do Reino de Deus, Jesus saiu de Nazaré e foi morar na cidade de Cafarnaum, perto do lago. Lá, ele tornou-se muito conhecido. Em todo canto, o povo procurava-o e queria estar perto dele, ouvi-lo, tocar nele. Era tanta gente, que Jesus não tinha nem tempo para comer. *"Quando seus parentes souberam disso, queriam detê-lo, dizendo que Jesus tinha ficado louco!"*

(Mc 3,21). Eles queriam trazê-lo de volta para casa e enquadrá-lo de novo dentro dos moldes da pequena família lá em Nazaré.

Eles foram até Cafarnaum e mandaram chamar Jesus: *"Eis que tua mãe, teus irmãos e tuas irmãs estão lá fora e te procuram"*. Mas Jesus não atendeu ao pedido dos parentes: *"Quem é minha mãe e meus irmãos? E olhando para as pessoas que estavam sentadas a seu redor, Jesus disse: 'Aqui estão minha mãe e meus irmãos. Quem faz a vontade de Deus, esse é meu irmão, minha irmã e minha mãe'"*. Jesus alargou a família. Jesus quer a família aberta para a dimensão da comunidade.

Essa briga com os parentes por causa de Jesus deve ter sido muito desagradável para a mãe de Jesus. Os parentes devem ter conversado com Maria para ela chamar a atenção de Jesus. Pois as autoridades, tanto dos romanos como dos judeus, já estavam de olho em Jesus, querendo denunciá-lo. Antes de Jesus, vários outros pregadores ambulantes já tinham sido presos e alguns deles foram dispersos ou mortos, com seus seguidores e familiares (cf. At 5,35-37). Dá para entender a preocupação dos parentes.

Esse episódio deixa transparecer que Jesus, como todos nós, teve problemas com a família, com os parentes (cf. Jo 7,1-5). Não sabemos qual foi o sentimento de Maria: se ela estava de acordo com o pedido dos parentes ou se havia sido um pouco constrangida para acompanhá-los e ajudá-los a convencer Jesus a abandonar sua missão e voltar para casa. Muito provavelmente, Maria deve ter ficado orgulhosa do filho. Pois Jesus foi fiel ao ensinamento que dela tinha recebido desde criança, durante aqueles trinta anos em Nazaré. Mais uma dor provocada pela espada de que falava o velho Simeão (Lc 2,35).

3. Reflexões e perguntas para iluminar a vida

1. A situação política e econômica da Palestina era uma das causas desse conflito entre Jesus e seus parentes. É que a pobreza crescente levava as famílias a se fecharem cada vez mais em si mesmas. Por isso, os parentes queriam levar Jesus de volta para Nazaré. A Mãe de Jesus ficou envolvida nesse conflito. E hoje, de que maneira

a situação política e econômica do nosso país influi na convivência dentro da minha família? Cria conflitos? Qual a minha reação? É de fechamento como os parentes de Jesus? Ou é de insistência no acolhimento comunitário como fez Jesus?

2. Hoje, católicos, evangélicos, espíritas, todos falam de Jesus e creem nele, mas nem todos falam dele da mesma maneira. Qual a imagem de Jesus que marca a fé das pessoas de minha família? Qual a imagem de Jesus que anima minha fé? Quais as diferenças que percebo? Como faço para evitar brigas a respeito da imagem de Jesus?

4. Prece final de agradecimento
(Salmo 146: Hino de louvor ao Deus libertador)

Yahweh reina para sempre (v. 10)

[1]Aleluia!

Louva a Yahweh, ó minha alma!

[2]Louvarei a Yahweh toda a minha vida,

tocarei hinos a meu Deus enquanto eu viver.

[3]Não confieis nos poderosos,

nos homens que não podem salvar.

[4]Exalam seu espírito e voltam ao pó;

e nesse dia perecem todos os seus planos.

[5]Feliz quem confia no Deus de Jacó,

quem põe a esperança em Yahweh, seu Deus.

[6]Foi ele quem fez os céus e a terra,

o mar e tudo o que neles existe.

Ele mantém sua verdade para sempre,

[7]fazendo justiça aos oprimidos,

dando pão aos famintos.

Yahweh liberta os prisioneiros,

[8]Yahweh abre os olhos dos cegos,

Yahweh endireita os encurvados,

Yahweh ama os justos,

[9]Yahweh protege os estrangeiros,

sustenta o órfão e a viúva,

mas transtorna o caminho dos ímpios.
[10]Yahweh reina para sempre,
o teu Deus, ó Sião, de geração em geração. Aleluia!
Glória ao Pai, ao Filho, ao Espírito Santo.
Como era no princípio, agora e sempre. Amém.

Encerrar com uma Ave-Maria.

21º DIA

O ENCONTRO DE MARIA COM O POVO DE NAZARÉ, DURANTE A CELEBRAÇÃO DA COMUNIDADE NO DIA DE SÁBADO

(Marcos 6,1-6)

(Colocar-se na presença de Deus, invocando a luz do Espírito Santo.)

1. O encontro de Maria com o povo de Nazaré *(Marcos 6,1-6)*

¹Saindo dali, foi para a sua pátria e os seus discípulos o seguiram. ²Vindo o sábado, começou Ele a ensinar na sinagoga e numerosos ouvintes ficavam maravilhados, dizendo: "De onde lhe vem tudo isto? E que sabedoria é esta que lhe foi dada? E como se fazem tais milagres por sua mãos? ³Não é este o carpinteiro, o filho de Maria, irmão de Tiago, José, Judas e Simão? E as suas irmãs não estão aqui entre nós?" E escandalizavam-se dele. ⁴E Jesus lhes dizia: "Um profeta só é desprezado em sua pátria, em sua parentela e em sua casa". ⁵E não podia realizar ali nenhum milagre, a não ser algumas curas de enfermos, impondo-lhes as mãos. ⁶E admirou-se da incredulidade deles.

2. Reflexão sobre o texto

Depois de uma ausência de mais de um mês, Jesus estava de volta em Nazaré e, como de costume, no sábado, foi participar da celebração na sinagoga. O evangelho de Marcos não menciona a presença de Maria nesse encontro de Jesus com o povo de Nazaré. Diz apenas que Jesus estava participando do culto na sinagoga em dia de sábado. Maria devia estar na sinagoga, pois era dia de sábado. Depois da leitura da Bíblia, na hora do comentário, Jesus falou sobre a Boa-Nova do Reino. Na discussão com Jesus, o povo mencionou o nome de Maria: *Não é este o filho de Maria?*

Chama atenção a reação negativa do povo de Nazaré diante do ensinamento de Jesus. *"Muitos que o escutavam ficavam admirados e diziam: 'De onde lhe vem tudo isso? Onde foi que arranjou tanta sabedoria? E esses milagres que são realizados pelas mãos dele? Esse homem não é o carpinteiro, o filho de Maria e irmão de Tiago, de José, de Judas e de Simão? E suas irmãs não moram aqui conosco?' E ficaram escandalizados por causa de Jesus"* (Mc 6,2-3).

Jesus era muito conhecido em Nazaré. O povo conhecia o nome da mãe e até os nomes de todos os irmãos e irmãs de Jesus. Até hoje é assim. Em lugar pequeno do interior, todos se conhecem pelo nome, sobrenome e apelido. Mas se alguém começar a exigir dos outros fraternidade e partilha, a reação é imediata: *De onde lhe vem tudo isso? Onde foi que arranjou tanta sabedoria?* E diziam ainda: *"Faz também aqui, em tua terra, tudo o que ouvimos dizer que fizeste em Cafarnaum"* (Lc 4,23). Marcos diz: *"Jesus não pôde fazer milagres em Nazaré. Apenas curou alguns doentes, pondo as mãos sobre eles. E Jesus ficou admirado com a falta de fé deles"* (Mc 6,6).

Episódio desagradável! E a gente pergunta: como será que Maria reagiu diante dessa atitude tão negativa e descrente de seu povo em frente de Jesus, seu filho? Provavelmente, deve ter sido mais um pedacinho daquela espada de dor de que falava o velho Simeão (Lc 2,35). E ela deve ter dito consigo mesma: "Graças a Deus que meu filho é tão fiel ao que José e eu ensinamos a ele".

3. Reflexões e perguntas para iluminar a vida

1. O povo gosta é de milagres. Até hoje é assim. Basta alguém fazer algum milagre, e todos querem estar com ele para receber alguma vantagem. O evangelho de João não usa a palavra *milagre*, mas a palavra *sinal*. Ele fala dos sinais que Jesus fazia. Você percebe a diferença entre *sinal* e *milagre*? Um *sinal* faz você parar e perguntar:

"Sinal de quê?" Um *milagre* faz você se alegrar e perguntar: *"Será que vou receber alguma graça?"*

2. O povo de Nazaré pensava ter certa influência sobre Jesus por ele ser de Nazaré. E os parentes de Jesus chegaram a dizer a ele: *"'Tu deves sair daqui e ir para a Judeia, para que também teus discípulos possam ver as obras que fazes. Quem quer ter fama não faz nada às escondidas. Se fazes essas obras, mostra-te ao mundo'. Na verdade, nem mesmo os irmãos de Jesus acreditavam nele"* (Jo 7,3-5). E hoje, em sua família, você também tem conflitos com a família por causa de sua maneira de viver sua fé em Jesus? Como você reage?

3. A expressão: *os irmãos e as irmãs de Jesus.* Desde séculos, há duas tradições entre os cristãos das várias igrejas, ambas muito antigas. Uns acham que Jesus é o filho único de Maria. Outros acham que Maria teve mais filhos e filhas. Conforme o texto, Maria teria tido cinco filhos: Jesus, o mais velho, Tiago, José, Judas e Simão, e, ao menos, duas filhas. Cada uma dessas duas tradições tem seus argumentos. Não convém discutir nem brigar, para convencer os outros de nossa opinião, pois trata-se de argumentos não só de cabeça, mas também do coração. O que Maria, ela mesma, diria-nos sobre essas nossas divergências e brigas? Provavelmente, ela nos dirá aquilo que disse ao povo de Caná: *"Fazei tudo o que ele vos disser!"* Ser mãe de muitos filhos não é pecado. Pelo contrário!

4. Prece final de agradecimento
(Salmo 24: viver na presença de Deus)

Quem tem mãos inocentes e coração puro... (v. 4)
¹De Yahweh é a terra e tudo que nela existe,
o mundo e seus habitantes.
²Ele mesmo fundou-a sobre os mares
e firmou-a sobre os rios.
³Quem pode subir a montanha de Yahweh,
quem pode ficar em pé no seu lugar santo?
⁴Quem tem mãos inocentes e coração puro,
e não se entrega à falsidade,

nem faz juramento para enganar.
[5]Este receberá a bênção de Yahweh,
e a justiça de Deus seu salvador.
[6]Esta é a geração dos que o procuram,
dos que buscam tua face, ó Deus de Jacó.
[7]Levantai, ó portais, os vossos frontões,
erguei-vos, portas da eternidade,
para que entre o rei da glória.
[8]Quem é este rei da glória?
É Yahweh, o forte e poderoso,
Yahweh, o valente nas guerras.
[9]Levantai, ó portais, os vossos frontões,
erguei-vos, portas da eternidade,
para que entre o rei da glória.
[10]Quem é este rei da glória?
É Yahweh dos exércitos! Ele é o rei da glória.
Glória ao Pai, ao Filho, ao Espírito Santo.
Como era no princípio, agora e sempre. Amém.

Encerrar com uma Ave-Maria.

22º DIA

O ENCONTRO DE MARIA COM A MULHER QUE ELOGIOU "A MÃE DE JESUS"

(Lucas 11,27-28)

(Colocar-se na presença de Deus, invocando a luz do Espírito Santo.)

1. O elogio da mulher para a Mãe de Jesus *(Lucas 11,27-28)*

[27]Enquanto ele assim falava, certa mulher levantou a voz do meio da multidão e disse-lhe: "Felizes as entranhas que te trouxeram e os seios que te amamentaram!" [28]Ele, porém, respondeu: "Felizes, antes, os que ouvem a Palavra de Deus e a observam".

2. Reflexão sobre o texto

Nesse texto a Mãe de Jesus recebe um duplo elogio. O primeiro é de uma mulher do povo e o outro vem do próprio Jesus. A mulher do povo dizia: *"Feliz o ventre que te carregou e os seios que te amamentaram"*. Jesus acrescentou: *"Feliz quem ouve a Palavra de Deus e a coloca em prática"*. Para Jesus, a verdadeira *felicidade* consiste em ouvir e praticar a Palavra de Deus. E era essa a felicidade que ele presenciava na vida de sua mãe: *"**Feliz** é aquela que ouve a Palavra de Deus e a coloca em prática"*. Maria ouvia a Palavra de Deus e a colocava em prática, repetindo sempre: *"Faça-se em mim segundo a tua palavra"* (Lc 1,38).

O evangelista Lucas vê em Maria o modelo para a vida em comunidade. No AT, a imagem da mulher como *Filha de Sião* simbolizava o povo de Deus. Para Lucas, Maria é a nova Filha de Sião que simboliza a comunidade cristã. Ela ensina a comunidade como acolher e praticar a Palavra de Deus, mesmo quando não a entendemos ou quando a Palavra nos faz sofrer. O elogio que Maria recebe na resposta de Jesus para a mulher do povo é a chave que ele, Lucas, oferece-nos para entender melhor aquilo que ele informou sobre Maria nos primeiros dois capítulos de seu evangelho.

O Evangelho de Lucas sempre foi considerado o Evangelho das mulheres. Lucas é o evangelista que traz o maior número de episódios em que se destaca o relacionamento de Jesus com as mulheres. À diferença dos mestres daquela época, Jesus aceitava mulheres como seguidoras e discípulas (Lc 8,2-3; 10,39). Ele fez uma mulher curvada se levantar e assumir sua dignidade (Lc 13,13). Foi sensível ao sofrimento da viúva de Naim e ressuscitou o filho dela (Lc 7,13). Jesus via um sinal do Reino no trabalho da mulher que prepara o alimento para sua família (Lc 13,20-21). A viúva persistente que luta por seus direitos é apresentada por ele como modelo de oração (Lc 18,1-8), e a viúva pobre que partilha seus poucos bens com os outros é modelo de entrega e de doação (Lc 21,1-4). Em uma época em que, nos tribunais, o testemunho das mulheres não era aceito como válido, Jesus escolhe as mulheres como as primeiras testemunhas de sua morte (Lc 23,49), de sua sepultura (Lc 23,55-56) e de sua ressurreição (Lc 24,1-11.22-24).

3. Reflexões e perguntas para iluminar a vida

1. O motivo que levou aquela mulher a elogiar a mãe de Jesus deve ter sido este: "Jesus, você é tão bom, porque sua mãe o educou bem!" Naquela época, a mãe era a única catequista e professora das crianças. A pessoa era aquilo que a mãe ensinava. O profeta Oseias diz do fulano que abandonou a educação que recebeu da mãe: "Você matou sua mãe" (Os 4,5). E eu, será que sou fiel àquilo que a mãe me ensinou?

2. O Novo Testamento menciona várias mulheres animadoras de igrejas domésticas: Cloé em Corinto (1Cor 1,11), Ninfas em Laodiceia (Cl 4,15), Lídia em Filipos (At 16,15), Febe em Cencreia, perto de Corinto (Rm 16,1), Maria em Roma (Rm 16,6), Trifena e Trifosa em

Roma (Rm 16,12), Pérside também em Roma (Rm 16,12), a mãe de Rufo (Rm 16,13), o casal Aquila e Priscila (Rm 16,3-5), o casal Filólogo e Júlia (Rm 16,15). Muitas mulheres abriam suas casas para ser a casa da comunidade (cf. Rm 16,5; 1Ts 5,27). E hoje? Como é em sua comunidade?

3. O evangelho de Marcos define com três palavras a atitude das mulheres discípulas de Jesus: *seguir, servir, subir* (Mc 15,41). Marcos diz que as mulheres *"haviam seguido Jesus e servido a ele, desde quando ele estava na Galileia. Muitas outras mulheres estavam aí, pois tinham subido com Jesus a Jerusalém"* (Mc 15,41). Seguir, servir, subir. Foi agindo assim que elas se tornaram as primeiras testemunhas da ressurreição.

4. Prece final de agradecimento
(Salmo 1: Saber escolher o caminho da vida)

Yahweh conhece o caminho dos justos,
mas o caminho dos ímpios leva à ruína (v. 6)
[1]Feliz o homem
que não anda no conselho dos ímpios,
não para no caminho dos pecadores,
nem se assenta na roda dos zombadores.
[2]Pelo contrário: seu prazer está na lei de Yahweh,
e medita sua lei, dia e noite.
[3]Ele é como árvore plantada
junto da água corrente:
dá fruto no tempo devido
e suas folhas nunca murcham;
tudo o que ele faz é bem sucedido.
[4]Não são assim os ímpios!
Pelo contrário: são como a palha
que o vento dispersa...
[5]Por isso os ímpios não ficarão de pé no julgamento,
nem os pecadores no conselho dos justos.
[6]Sim! Yahweh conhece o caminho dos justos,

mas o caminho dos ímpios leva à ruína.
Glória ao Pai, ao Filho, ao Espírito Santo.
Como era no princípio, agora e sempre. Amém.

Encerrar com uma Ave-Maria.

23º DIA

O ENCONTRO DE MARIA COM JESUS DURANTE A VIA-SACRA NA CIDADE DE JERUSALÉM

(Lucas 23,26-32)

(Colocar-se na presença de Deus, invocando a luz do Espírito Santo.)

1. O encontro com Jesus na Via-Sacra *(Lucas 23,26-32)*

[26]Enquanto o levavam, tomaram um certo Simão de Cirene, que vinha do campo, e impuseram-lhe a cruz para levá-la atrás de Jesus. [27]Grande multidão do povo o seguia, como também mulheres que batiam no peito e se lamentavam por causa dele. [28]Jesus, porém, voltou-se para elas e disse: "Filhas de Jerusalém, não choreis por mim; chorai, antes, por vós mesmas e por vossos filhos! [29]Pois, eis que virão dias em que se dirá: Felizes as estéreis, as entranhas que não conceberam e os seios que não amamentaram! [30] Então começarão a *dizer às montanhas: Caí sobre nós! e às colinas: Cobri-nos!* [31]Porque se fazem assim com o lenho verde, o que acontecerá com o seco?" [32]Eram conduzidos também dois malfeitores para serem executados com ele.

2. Reflexão sobre o texto

A Bíblia não fala de um encontro de Jesus com sua Mãe durante a Via-Sacra, mas o evangelho de João diz que a mãe de Jesus acompanhou o filho até o Monte Calvário (Jo 19,25). E segundo a informação do evangelho de Marcos, as mulheres que tinham vindo com Jesus, desde a Galileia, estavam à beira do caminho (Mc 15,41). Maria devia estar no meio delas. E a Tradição da Igreja diz, na 4ª Estação da Via-Sacra: *"Jesus se encontra com sua Mãe"*.

Jesus passa carregando a cruz. As mulheres choram. Jesus olha para elas e diz: *"Não chorem por mim!"* E citando frases da Escritura, ele pede para elas chorarem por si mesmas e pelas mães que veem o sofrimento de seus filhos em tantas partes do mundo: *"Porque dias virão, em que se dirá: 'Felizes das mulheres que nunca tiveram filhos, dos ventres que nunca deram à luz e dos seios que nunca amamentaram'. Então começarão a pedir às montanhas: 'Caiam em cima de nós!' E às colinas: 'Escondam-nos!' Porque, se assim fazem com a árvore verde, o que não farão com a árvore seca?"* (Lc 23,29-31).

Naqueles dias, era um espetáculo comum em Jerusalém ver os condenados à morte carregarem suas cruzes pelas ruas da cidade até o Monte Calvário, onde eles eram pregados na cruz e ficavam pendurados à vista de todos. A cruz era um castigo terrível, inventado pelo império romano para castigar os rebeldes que se levantassem contra o poder central do Imperador. Um crucificado não tinha sepultura. Ficava pendurado na cruz, totalmente nu, até morrer. Os corpos não podiam ser tirados, a não ser com expressa licença. Ficavam aí até apodrecer ou até os abutres comerem o que restava. Assim seria o destino de Jesus. Mas José de Arimateia teve a coragem de pedir a Pilatos a licença para poder enterrar o corpo de Jesus (Lc 23,50-53). Por isso, temos as duas últimas estações da Via-Sacra: 13ª Estação: Jesus morto nos braços de sua Mãe; 14ª Estação: Jesus é enterrado.

Para poder sentir e avaliar o encontro de Jesus com as mulheres, nada melhor do que lembrar as catorze estações da Via-Sacra: 1ª Estação: Jesus é condenado à morte. 2ª Estação: Jesus carrega a cruz às costas. 3ª Estação: Jesus cai pela primeira vez. *4ª Estação: Jesus encontra sua Mãe.* 5ª Estação: Simão Cirineu ajuda Jesus a carregar a cruz. *6ª Estação: Verônica limpa o rosto de Jesus.* 7ª Estação: Jesus cai pela segunda vez. *8ª Estação: Jesus encontra as mulheres.* 9ª Estação: Terceira queda de Jesus. 10ª Estação: Jesus é despojado de suas vestes. 11ª Estação: Jesus é pregado na cruz. 12ª Estação: Jesus morre na cruz. *13ª Estação: Jesus morto nos braços de sua Mãe.* 14ª Estação: Jesus é enterrado.

3. Reflexões e perguntas para iluminar a vida

1. As mulheres que tinham vindo com Jesus, desde a Galileia, foram esperar por ele à beira do caminho, por onde ele devia passar carregando sua cruz até o Calvário. Era o único gesto possível para mostrar solidariedade a ele. Como eu manifesto minha solidariedade com o sofrimento das pessoas?

2. Na Igreja católica é grande a devoção do povo à Mãe de Jesus sob o título de "Nossa Senhora das Dores", cuja memória se faz, todo ano, no dia 15 de setembro. Maria acompanhou Jesus até o calvário, até o fim. Realizou a profecia do velho Simeão: *"Uma espada de dor transpassará teu coração"* (Lc 2,35).

3. No ano 70 d.C., os romanos invadiram a Palestina e destruíram a cidade de Jerusalém. Crucificaram tantas pessoas ao redor de Jerusalém, que já não havia madeira suficiente para fabricar as cruzes. O que pensar das milhares de cruzes nos calvários do mundo ao longo da história, desde a Cruz de Jesus, no ano 33, até hoje aqui no Brasil? Tantas Cruzes!

4. Prece final de agradecimento
(Salmo 23: O Senhor é meu Pastor, nada me falta)

Ele me guia por bons caminhos, por causa de seu Nome (v. 3)
[1]Yahweh é o meu pastor, nada me falta.
[2]Em verdes pastagens me faz descansar,
para as águas tranquilas me conduz.
[3]Ele restaura minhas forças,
guia-me por caminhos de justiça,
por causa de seu Nome.
[4]Ainda que eu caminhe por um vale tenebroso,
nenhum mal temerei, pois tu estás comigo,
teu bastão e teu cajado me deixam tranquilo.
[5]Diante de mim preparas uma mesa
bem à frente dos meus opressores;
com óleo unges minha cabeça,
e minha taça transborda.

[6]Sim, felicidade e amor me acompanham
todos os dias da minha vida
e habitarei na casa de Yahweh
por dias sem-fim.
Glória ao Pai, ao Filho, ao Espírito Santo.
Como era no princípio, agora e sempre. Amém.

Encerrar com uma Ave-Maria.

24º DIA

O ENCONTRO DE MARIA COM JESUS, NO CALVÁRIO, AO PÉ DA CRUZ

(João 19,25-27)

(Colocar-se na presença de Deus, invocando a luz do Espírito Santo.)

1. Fala de Maria ao pé da cruz de Jesus *(João 19,25-27)*

[25]Perto da cruz de Jesus, permaneciam de pé sua mãe, a irmã de sua mãe, Maria, mulher de Clopas, e Maria Madalena. [26]Jesus, então, vendo sua mãe e, perto dela, o discípulo a quem amava, disse à sua mãe: "Mulher, eis o teu filho!" [27]Depois disse ao discípulo: "Eis a tua mãe!" E a partir dessa hora, o discípulo a recebeu em sua casa.

2. Reflexão sobre o texto

É o evangelho de João que menciona a presença da Mãe de Jesus ao pé da Cruz. A atitude de Maria é de silêncio total, silêncio mais eloquente que mil palavras. Com ela, aí se encontram Maria de Cléofas e Maria Madalena. As três Marias! Com elas, estava também o discípulo amado.

Maria é a mãe forte, em pé, junto à cruz do filho, dando seu apoio até o último momento. No evangelho de João, a *Mãe de Jesus*, ao pé da cruz, simboliza o Antigo Testamento, o povo de Deus que vinha caminhando desde os tempos de Abraão. O *discípulo amado*, ao pé da mesma cruz, simboliza o Novo Testamento, a nova comunidade que nasceu e cresceu ao redor de Jesus. Antigo e Novo Testamento se encontram ao pé da cruz! *Jesus vendo sua mãe e, ao lado dela, o discípulo que ele amava, disse à mãe: "Mulher,* eis aí o teu filho". Depois disse ao discípulo: "Eis aí a tua mãe". E dessa hora em diante, o discípulo a recebeu em sua casa.

"Mulher, eis aí o teu filho. Filho, eis aí tua mãe." O Filho recebe a Mãe em sua casa. O Novo Testamento recebe o Antigo Testamento. Antigo e Novo, os dois devem caminhar juntos, fazem uma unidade. O Novo não se entende sem o Antigo. Seria um prédio sem fundamento, uma pessoa sem memória. E o Antigo sem o Novo ficaria incompleto. Seria uma árvore sem fruto.

Com essas suas últimas palavras Jesus completou a transição da Antiga para a Nova Aliança, cumpriu sua missão e podia morrer: "Tudo está realizado!" E inclinando a cabeça, entregou o espírito (cf Jo 19,30). Jesus morreu, mas não ficou na morte. Deus ressuscitou-o, confirmando assim a transição do Antigo para o Novo. De agora em diante, Jesus é a chave principal para entender a vontade do Pai: "Fazei tudo o que ele vos disser!"

3. Reflexões e perguntas para iluminar a vida

1. Nós somos hoje o Discípulo Amado, a comunidade que nasceu ao redor de Jesus. É também a nós que Jesus diz: "Eis aí a tua mãe!" Receber a Mãe de Jesus em casa é receber o Antigo Testamento como sendo o nosso livro. A Mãe de Jesus nos ajuda a realizar a passagem do Antigo para o Novo Testamento.

2. O que significa: fazer a passagem do Antigo para o Novo Testamento? Todos nós temos, em nossa vida, muita coisa antiga, coisas superadas e desatualizadas que devem ser renovadas. Renovar significa fazer o Antigo ficar Novo. Diz o Apóstolo Paulo: "Se alguém está em Cristo, é nova criatura. As coisas antigas passaram; eis que uma realidade nova apareceu" (2Cor 5,17).

4. Prece final de agradecimento
(Salmo 22,1-12.26-29: Oração de confiança, em uma profunda angústia)

Mas tu, Yahweh, não fiques longe,
força minha, vem logo em meu socorro! (v. 20)
²Meu Deus, meu Deus, por que me abandonaste?

Apesar de meus gemidos,
está longe de mim tua salvação.
[3]Meu Deus, eu grito de dia e não respondes,
grito de noite e não encontro descanso.
[4]Tu és o santo, que habitas nas orações de Israel.
[5]Em ti confiavam nossos pais,
confiavam e tu os libertavas;
[6]eles gritavam a ti e escapavam,
em ti confiavam e não se envergonhavam.
[7]Quanto a mim, sou verme, não homem,
gozação dos homens, desprezo do povo.
[8]Todos os que me veem zombam de mim,
torcem os lábios, sacodem a cabeça:
[9]"Voltou-se para Yahweh, que ele o liberte;
que o livre, se é que o ama".
[10]Sim! Tu me tiraste do ventre materno,
e me confiou aos peitos de minha mãe.
[11]Desde que nasci, fui entregue a ti,
desde o ventre materno tu és meu Deus.
[12]Não fiques longe de mim, pois a angústia está perto,
e não há quem me ajude.
[26]De ti vem meu louvor na grande assembleia,
cumprirei meus votos diante dos que o temem.
[27]Os pobres comerão e ficarão saciados,
louvarão a Yahweh aqueles que o procuram:
"Que vosso coração viva para sempre!"
[28]Todos os confins da terra se lembrarão e voltarão a Yahweh:
diante dele se prostrarão todas as famílias dos povos.
[29]Pois a Yahweh pertence a realeza,
ele governa as nações.
Glória ao Pai, ao Filho, ao Espírito Santo.
Como era no princípio, agora e sempre. Amém.

Encerrar com uma Ave-Maria.

25º DIA

O ENCONTRO DE MARIA COM JESUS RESSUSCITADO

(Atos 1,9-14)

(Colocar-se na presença de Deus, invocando a luz do Espírito Santo.)

1. O encontro de Maria com Jesus ressuscitado *(Atos 1,9-14)*

[9]Depois de dizer isso, Jesus foi levado ao céu à vista deles. E quando uma nuvem o cobriu, eles não puderam vê-lo mais. [10]Os apóstolos continuavam a olhar para o céu, enquanto Jesus ia embora. Mas, de repente, dois homens vestidos de branco [11]apareceram a eles e disseram: "Homens da Galileia, por que vocês estão aí parados, olhando para o céu? Esse Jesus que foi tirado de vocês e levado para o céu, virá do mesmo modo com que vocês o viram partir para o céu." [12]Os apóstolos voltaram para Jerusalém, pois se encontravam no chamado Monte das Oliveiras, não muito longe de Jerusalém: uma caminhada de sábado. [13]Entraram na cidade e subiram para a sala de cima, onde costumavam hospedar-se. Aí estavam Pedro e João, Tiago e André, Filipe e Tomé, Bartolomeu e Mateus, Tiago, filho de Alfeu, Simão Zelota e Judas, filho de Tiago. [14]Todos eles tinham os mesmos sentimentos e eram assíduos na oração, com algumas mulheres, entre as quais Maria, mãe de Jesus, e com os irmãos de Jesus.

2. Reflexão sobre o texto

Uma tradição muito antiga menciona um encontro de Jesus ressuscitado com Maria sua Mãe. A Bíblia é mais discreta. Ela não fala de uma aparição, mas registrou a presença da mãe de Jesus entre os discípulos e discípulas que voltaram do Monte das

Oliveiras depois da ascensão de Jesus ao céu (At 1,14). Era um grupo de umas 120 pessoas (At 1,15). Dizem os Atos dos Apóstolos: *"Todos eles tinham os mesmos sentimentos e eram assíduos na oração, com algumas mulheres, entre as quais Maria, mãe de Jesus, e com os irmãos de Jesus. Nesses dias, aí estava reunido um grupo de mais ou menos cento e vinte pessoas"* (At 1,14-15). Cento e vinte pessoas: dez vezes doze!

Lucas escreveu seu evangelho em torno do ano 80. Escreveu para as comunidades da região da Ásia Menor para ajudá-las a enfrentar e superar os muitos problemas e tensões: a ameaça de perseguição da parte do império romano; as tensões entre os judeus convertidos, agora em minoria, e os pagãos convertidos crescendo cada vez mais em número; as diferentes maneiras de se pensar sobre Jesus e sua ação salvadora nas pessoas. Como superar essas tensões? Como manter a unidade?

Para ajudar as comunidades dos anos 80 a encontrarem o caminho da unidade, Lucas colocou diante delas e diante de todos nós a lembrança da primeira comunidade original de Jerusalém: *"Todos eles tinham os mesmos sentimentos e eram assíduos na oração, com algumas mulheres, entre as quais Maria, a mãe de Jesus, e com os irmãos de Jesus"*. O que une uma família não é todos terem o mesmo *pensamento*, mas sim todos terem o *mesmo sentimento* ao redor da mãe que une a todos. Maria, a mãe, estava entre eles.

Colocando diante de nós o modelo da primeira comunidade cristã, Lucas nos oferece elementos e critérios para manter a unidade e superar possíveis divergências. Ele convida os grupos para se encontrar e conversar, para alimentar os sentimentos de fraternidade, para manter-se unidos entre si na oração, e ter diante de si o exemplo da mãe que une a todos.

3. Reflexões e perguntas para iluminar a vida

1. A Bíblia não fala de uma aparição de Jesus para sua mãe. Mas fala das mulheres da Galileia que seguiam, serviam e subiam com Jesus até Jerusalém. A mãe de Jesus era uma dessas mulheres que

foram fiéis até o fim. Como nossa devoção à mãe de Jesus nos pode ajudar a manter a fidelidade até o fim?

2. A Bíblia diz que eram 120 pessoas que estavam reunidas, tendo todas o mesmo sentimento (At 1,14-15), rezando e aguardando a vinda do Espírito Santo. No AT, o povo começou com 12 tribos. Jesus começou com 12 apóstolos. A igreja de Deus começou com 120 pessoas (12 x 10). E hoje, quantos somos?

4. Prece final de agradecimento
(Salmo 95: Ouvir hoje a voz de Deus)

Não endureçais os corações como no deserto (v. 8)
¹Vinde, exultemos em Yahweh,
aclamemos o rochedo que nos salva,
²fiquemos diante de sua face com ações de graças,
vamos aclamá-lo com música.
³Pois um grande Deus é Yahweh,
o grande rei acima de todos os deuses.
⁴Aquele que tem em suas mãos os abismos da terra,
e as alturas das montanhas lhe pertencem.
⁵É dele o mar, foi ele quem o fez,
e a terra firme, suas mãos a modelaram.
⁶Entrai! Prostremo-nos e adoremos,
de joelhos, diante de Yahweh que nos criou.
⁷Sim! Ele é o nosso Deus!
E nós somos o povo que ele apascenta,
o rebanho de suas mãos.
Hoje, se ouvísseis sua voz:
⁸"Não endureçais os corações, como em Meriba,
como no dia de Massa, no deserto,
⁹quando vossos pais me desafiaram e me provocaram,
apesar de terem visto minhas obras.
¹⁰Quarenta anos desgostou-me aquela geração,
e eu disse: são um povo de coração errante,
que não conhece meus caminhos!

¹¹Então jurei em minha ira:
jamais entrarão em meu repouso".
Glória ao Pai, ao Filho, ao Espírito Santo.
Como era no princípio, agora e sempre. Amém.

Encerrar com uma Ave-Maria.

26º DIA

O ENCONTRO DE MARIA COM A IGREJA QUE NASCE NO DIA DE PENTECOSTES

(Atos 1,12-14 e Atos 2,1-5)

(Colocar-se na presença de Deus, invocando a luz do Espírito Santo.)

1. O nascimento da Igreja no dia de Pentecostes *(Atos 1,12-14 e 2,1-5)*

1,12-14:

[12]Os apóstolos voltaram para Jerusalém, pois se encontravam no chamado Monte das Oliveiras, não muito longe de Jerusalém: uma caminhada de sábado. [13]Entraram na cidade e subiram para a sala de cima, onde costumavam hospedar-se. Aí estavam Pedro e João, Tiago e André, Filipe e Tomé, Bartolomeu e Mateus, Tiago, filho de Alfeu, Simão Zelota e Judas, filho de Tiago. [14]Todos eles tinham os mesmos sentimentos e eram assíduos na oração, com algumas mulheres, entre as quais Maria, mãe de Jesus, e com os irmãos de Jesus.

2,1-5:

[1]Tendo-se completado o dia de Pentecostes, estavam todos reunidos no mesmo lugar. [2]De repente, veio do céu um ruído como o agitar-se de um vendaval impetuoso, que encheu toda a casa onde se encontravam. [3]Apareceram-lhes, então, línguas como de fogo, que se repartiam e que pousaram sobre cada um deles. [4] E todos ficaram repletos do Espírito Santo e começaram a falar em outras línguas, conforme o Espírito lhes concedia se exprimissem. [5]Achavam-se então em Jerusalém judeus piedosos vindos de todas as nações que há debaixo do céu.

2. Reflexão sobre o texto

Era o dia de Pentecostes. Naquele dia, um grupo de 120 discípulos e discípulas estava reunido na mesma sala, rezando, com Maria, a Mãe de Jesus (At 1,14-15). De repente, o ruído de um vendaval enche a casa. Línguas de fogo descem e se repartem sobre cada um, cada uma, dos presentes. Todos ficam cheios do Espírito Santo e começam a falar em outras línguas, conforme o Espírito lhes dava a falar (At 2,1-5).

O livro dos Atos não menciona a presença da mãe de Jesus no meio dos que no dia de Pentecostes receberam o dom do Espírito Santo (At 2,1-5), mas menciona a presença dela no meio dos que se preparavam para a vinda do Espírito de Jesus. Lucas diz: *"Todos eles tinham os mesmos sentimentos e eram assíduos na oração, com algumas mulheres, entre as quais Maria, mãe de Jesus, e com os irmãos de Jesus"* (At 1,14).

Trinta e três anos antes, o Espírito Santo tinha descido sobre Maria lá em Nazaré, e nasceu Jesus (Lc 1,35-38). Agora, no dia de Pentecostes, o mesmo Espírito desce sobre os doze e sobre as outras pessoas que estavam reunidas com "Maria, a mãe de Jesus", e nasce a Igreja (At 1,14; 2,1-2).

O dom do Espírito Santo não se compra nem se vende (At 8,18-24). A única maneira de consegui-lo é por meio da oração. Jesus disse: *"Se vocês, que são maus, sabem dar coisas boas aos filhos, quanto mais o Pai do Céu dará o Espírito Santo aos que o pedirem!"* (Lc 11,13). A condição é *ter os mesmos sentimentos, ser assíduos na oração, com Maria, a mãe de Jesus* (At 1,14).

São três os símbolos para significar a ação do Espírito: *vento, língua* e *fogo*. Para quem conhece a história do Antigo Testamento, o *vento* que encheu a casa evoca o espírito de Deus que soprava sobre as águas no dia da criação (Gn 1,2); evoca a ventania que secou o Mar Vermelho e permitiu o povo fazer a travessia e iniciar o êxodo (Êx 14,21); evoca ainda a nuvem que encheu o interior do Templo (1Rs 8,10-11). As *línguas* evocam a confusão das línguas na construção da Torre de Babel (Gn 11,9). Agora, sob a ação do Espírito

Santo, a confusão das línguas está sendo superada: *"Esses homens que estão falando, não são todos galileus? Como é que cada um de nós os ouve em sua própria língua materna?"* (At 2,7-8). O *fogo* evoca a manifestação de Deus na conclusão da Aliança e no nascimento do povo de Deus no Monte Sinai (Êx 19,16-19). No dia de Pentecostes, estava nascendo o novo povo de Deus, iniciando o novo Êxodo, a nova Aliança, o novo Templo.

Depois da primeira vinda do Espírito Santo no dia de Pentecostes, houve muitos outros Pentecostes. Os Atos dos Apóstolos mencionam vários momentos, em que o Espírito Santo fez sentir a sua presença (cf. At 4,31; 13,2-3). Até hoje, ele faz sentir sua presença em acontecimentos grandes e pequenos: nas reuniões do povo, nos círculos bíblicos, nos encontros das comunidades, nos encontros dos bispos, no Concílio Vaticano II, no testemunho de tantas pessoas em tantos lugares e de tantas maneiras diferentes!

3. Reflexões e perguntas para iluminar a vida

1. Vento, língua e fogo foram as formas nas quais o Espírito Santo se manifestou no dia de Pentecostes. Quais as formas, imagens e símbolos, nos quais o Espírito Santo se manifesta hoje em nossa vida e em nossa família e comunidade?

2. Na anunciação do anjo Gabriel, Maria acolheu o dom do Espírito Santo, e Jesus nasceu. Qual o significado da presença de Maria no dia de Pentecostes, dia do nascimento da Igreja?

4. Prece final de agradecimento
(Salmo 63: A busca ansiosa de Deus)

Eu me agarro a ti! (v. 9)
²Senhor, tu és o meu Deus,
há muito que te procuro com grande ansiedade.
Como a terra seca do sertão à espera da chuva,
todo o meu ser anseia por ti, Senhor.
³Ah! se pudesse contemplar-te em teu santuário
e experimentar teu poder e tua glória...

[4]Teu amor fiel me é mais caro que a própria vida.
Por isso quero louvar-te,
[5]levantar para ti minhas mãos,
e bendizer teu nome durante toda a minha vida.
[6]Tu enches meu ser até à plenitude,
fazendo aflorar aos meus lábios cantos de alegria.
[7]Até mesmo durante meu repouso,
está viva em mim tua lembrança.
Passo as noites pensando em ti.
[8]Tens sido para mim um apoio.
Quando experimento tua proteção,
sinto vontade de cantar de alegria.
[9]Eu me agarro a ti, e tu me seguras com tuas mãos.
[10]Em vão atentam os homens contra minha vida.
Serão eles que hão de perecer na morte.
[11]Serão todos executados, e nem sepultura terão.
Eu, porém, me alegrarei sempre no Senhor.
[12]Todo o que se comprometer com Ele poderá falar.
Mas o que lhe for infiel não terá direito a nossa confiança.

Encerrar com uma Ave-Maria.

27º DIA

O ENCONTRO DE MARIA COM O APÓSTOLO PAULO, NA CARTA AOS GÁLATAS

(Gálatas 4,4)

(Colocar-se na presença de Deus, invocando a luz do Espírito Santo.)

1. Paulo menciona a mulher, da qual nasceu o messias *(Gálatas 4,1-11)*
¹Vou dar outro exemplo: durante todo o tempo em que o herdeiro é criança, embora seja dono de tudo, é como se fosse um escravo. ²Até chegar a data fixada por seu pai, ele fica sob tutores e pessoas que administram seus negócios. ³O mesmo aconteceu conosco: éramos como crianças e andávamos como escravos, submetidos aos elementos do mundo. ⁴Quando, porém, chegou a plenitude do tempo, Deus enviou o seu Filho. Ele nasceu de uma mulher, submetido à Lei ⁵para resgatar aqueles que estavam submetidos à Lei, a fim de que fôssemos adotados como filhos. ⁶A prova de que vocês são filhos é o fato de que Deus enviou aos nossos corações o Espírito do seu Filho que clama: Abba, Pai!" (Gl 4,1-6).

2. Reflexão sobre o texto
Não houve um encontro de Paulo com a mãe de Jesus, nem com Jesus seu filho. Paulo chegou a conhecer Jesus, como ele mesmo diz, *"segundo a carne"* (2Cor 5,16) e chegou a persegui-lo. Chegou a pedir licença para poder perseguir os cristãos até em Damasco (At 9,1-2). Mas foi no caminho de Damasco que a caça derrubou o caçador e que Paulo experimentou, sem mérito algum de sua parte, a

total gratuidade do amor de Deus. Ele mesmo diz: *"Quando, porém, chegou a plenitude do tempo, Deus enviou seu Filho. Ele nasceu de uma mulher, submetido à Lei para resgatar aqueles que estavam submetidos à Lei, a fim de que fôssemos adotados como filhos. A prova de que vocês são filhos é o fato de que Deus enviou aos nossos corações o Espírito de seu Filho que clama: Abba, Pai!"* (Gl 4,4-6). Paulo descobriu que ele, o perseguidor, naquela sua pretensa fidelidade à lei de Deus, não passava de um escravo da letra da lei. Acolhido por Jesus no caminho de Damasco (cf. At 9,3-6), ele renasce, e de perseguidor se torna missionário!

A carta de Paulo aos Gálatas é o mais antigo texto do NT que menciona a mãe de Jesus ao dizer: *"Quando chegou a plenitude do tempo, Deus enviou seu Filho. Ele nasceu de uma mulher"* (Gl 4,4). Nesse texto, a insistência não é na pessoa de Maria, mas na ação libertadora da mulher. Paulo não menciona nem o nome dela. A insistência é na condição humana de Jesus. Paulo remete aqui ao diálogo entre Deus e a serpente, quando da expulsão do paraíso. Deus havia dito que haveria uma inimizade, uma luta contínua entre a descendência da serpente e a descendência da mulher. Paulo quer ressaltar que Jesus é o verdadeiro "filho da mulher" e que, por meio de sua crucificação, venceu a descendência da serpente. A bondade de Deus revela-se no fato de ele ter enviado seu próprio filho igual a nós em tudo, menos no pecado. Como todo ser humano, Jesus nasceu de uma mulher e nasceu debaixo de uma lei.

Na segunda metade do primeiro século, época dos escritos do Novo Testamento, a devoção a Maria, a mãe de Jesus, ainda não existia. A devoção foi nascendo aos poucos, a partir da meditação dos textos do NT sobre a mãe de Jesus, e foi crescendo nos primeiros séculos. Tomou forma concreta e definitiva no ano 431 d.C., quando, no Concílio Ecumênico de Éfeso, foi definido que Maria é *Theotokos*, mãe de Deus.

O evangelho de Marcos menciona uma vez o nome da mãe de Jesus ao dizer que o povo reconhecia Jesus como o "filho de Maria" (Mc 6,3), e duas vezes menciona os parentes, a mãe e os irmãos de Jesus, mas sem nenhum destaque (Mc 3,20-21; 31-35). É no evangelho de Lucas que a mãe de Jesus recebe algum destaque, sobretudo no elogio daquela senhora do povo: *"Feliz o ventre que te carregou, e os seios que te amamentaram"* (Lc 11,27), e nos dois capítulos sobre a infância de Jesus (Lc 1 e 2). Para Lucas, Maria é a filha de Sião, o modelo de como nós cristãos devemos ouvir e praticar a Palavra de Deus.

A mãe de Jesus recebe um destaque maior no evangelho de João, no qual ela é apresentada como símbolo do AT que faz chegar o NT, tanto nas bodas de Caná (Jo 2,1-13), como ao pé da cruz (Jo 19,25-27).

A maior associação entre Maria e a mulher está no Apocalipse, no qual ela aparece como a mulher, cujo filho derrota o satanás, a antiga serpente, expulsando-o do céu (Ap 12,1-17). Jesus, a descendência da mulher, realiza a vitória que havia sido anunciada no livro de Gênesis: *"Eu porei inimizade entre você e a mulher, entre a descendência de você e os descendentes dela. Estes vão lhe esmagar a cabeça, e você ferirá o calcanhar deles"* (Gn 3,15).

3. Reflexões e perguntas para iluminar a vida

1. Nenhum de nós teve um encontro com a Mãe de Jesus. Maria viveu 2.000 anos atrás. Mesmo assim, Maria vive na memória do povo de Deus, vive em nossa memória e, como tal, ela entrou em nossa vida. Em alguns mais, em outros menos. Como isso aconteceu em sua vida? O que Maria representa para você? Como isso foi acontecendo na história de sua vida?

2. Maria criou e educou Jesus. A experiência de Jesus com sua mãe é a mesma que cada um de nós tem com a própria mãe. Essa mesma relação de todos nós com a própria mãe transparece nas palavras de Paulo quando ele escreve: *"Quando, porém, chegou a plenitude do tempo, Deus enviou seu Filho. Ele nasceu de uma mulher, submetido à Lei para resgatar aqueles que estavam submetidos à Lei, a fim de que fôssemos adotados como filhos"* (Gl 4,4-5). É a condição humana universal de todos nós.

4. Prece final de agradecimento
(Salmo 143: Súplica humilde)

Que teu bom espírito me conduza

[1]Yahweh, ouve minha prece!

Tu és fiel, atende minhas súplicas!

Tu és justo, responde-me!

[2]Não entres em julgamento contra teu servo,

pois, diante de ti, nenhum vivente é justo!

[3]O inimigo me persegue, esmaga por terra minha vida,

e me faz habitar nas trevas,

como aqueles que estão mortos para sempre.

[4]Meu alento já vai desfalecendo,

e dentro de mim meu coração se assusta.

[5]Recordo os dias de outrora,

medito em todas as tuas ações,

refletindo sobre a obra de tuas mãos.

[6]Para ti estendo meus braços,

minha vida é terra sedenta de ti.

[7]Yahweh, responde-me depressa,

pois meu alento se extingue!

Não me escondas tua face:

eu ficaria como os que baixam à cova.

[8]Faze-me ouvir teu amor pela manhã,

pois é em ti que eu confio.

Indica-me o caminho a seguir,

pois a ti elevo minha alma.

[9]Livra-me de meus inimigos, Yahweh,

pois eu me refugio junto a ti.

[10]Ensina-me a cumprir tua vontade,

pois tu és meu Deus.

Que teu bom espírito me conduza

por uma terra aplainada.

[11]Yahweh, por teu nome, conserva-me vivo,

e por tua justiça tira-me da angústia.

[12]Por teu amor, aniquila meus inimigos
e destrói meus adversários todos,
porque eu sou teu servo.

Encerrar com uma Ave-Maria.

28º DIA

O ENCONTRO DE MARIA COM TODOS NÓS POR MEIO DE SETE LIVROS DA BÍBLIA

(Colocar-se na presença de Deus, invocando a luz do Espírito Santo.)

1. Os sete livros do Novo Testamento que mencionam a mãe de Jesus:

Mateus: menciona Maria falando da infância de Jesus (Mt 1 e 2);

Marcos: menciona duas vezes a presença da mãe de Jesus (Mc 3,20-21.31-35);

Lucas: é o que mais fala de Maria e traz suas palavras (Lc 1,26-56 e 2,1-52);

João: a mãe de Jesus aparece em Caná e ao pé de cruz (Jo 2,1-13; 19.25-26);

Atos: menciona a presença de Maria no meio dos apóstolos (At 1,13);

Gálatas: apenas diz: *Ele nasceu de uma mulher, submetido à Lei* (Gl 4,4);

Apocalipse: descreve a vitória da mulher sobre o dragão (Ap 12,1-17).

2. Reflexão sobre os textos

A Bíblia fala muito pouco da Mãe de Jesus. Só sete livros a mencionam. Ela mesma fala menos ainda, pois cinco desses sete livros só falam *sobre* Maria, mas neles ela mesma não fala. Maria só fala em dois livros, nos de Lucas e de João. E mesmo esses dois livros conservam apenas sete palavras da mãe de Jesus.

Os evangelhos apresentam a Mãe de Jesus como mulher silenciosa. Apenas sete palavras! A prática do silêncio capacita as pessoas para escutar a Palavra de Deus nos fatos da vida. O que mais nos falta hoje é o silêncio. Não é fácil fazer silêncio. Não é fácil escutar.

Muito barulho, não só ao redor, mas também dentro de nós. Condição para poder escutar é saber fazer silêncio, sobretudo dentro de nós mesmos.

Cada uma daquelas sete palavras da Mãe de Jesus nos faz saber como ela fazia para escutar os apelos de Deus em sua vida, mesmo lá onde não havia palavras, mas apenas o silêncio de uma situação humana pedindo socorro.

Os evangelhos de Lucas e João, ambos oferecem uma chave importante para entender o significado daquelas sete palavras que eles conservaram para nós.

O evangelho de Lucas, quando fala de Maria, pensa nas Comunidades. É na maneira de a mãe de Jesus relacionar-se com a Palavra de Deus que Lucas vê a maneira mais correta para a comunidade relacionar-se com a Palavra de Deus, mesmo quando ela não a entende ou quando a faz sofrer. A chave para isso nos é dada no elogio à sua mãe: *"Feliz quem ouve a Palavra de Deus e a coloca em prática"* (Lc 11,27). Veja o 22º encontro.

O evangelho de João menciona a presença da Mãe de Jesus nas bodas de Caná (Jo 2,1-5) e ao pé da cruz (Jo 19,25-27; cf. Jo 6,42). João costuma descrever os fatos da vida de Jesus sob a dupla dimensão de *história* e de *símbolo*. Para ele, a Mãe de Jesus é o símbolo do Antigo Testamento que aguarda a chegada do Novo Testamento, e não só aguarda, mas ela também contribui para que o Novo chegue. Maria é o elo entre o que havia antes e o que virá depois. Os dois acontecimentos que falam da Mãe de Jesus são, ao mesmo tempo, *história* e *símbolo*. Para a atuação da Mãe de Jesus em Caná da Galileia: veja o 18º encontro. Para a presença de Maria ao pé da cruz: veja o 24º encontro.

3. Reflexões e perguntas para iluminar a vida

1. No evangelho de Lucas, a mulher gritou: "Feliz o seio que te trouxe e os peitos que te amamentaram". Jesus respondeu: "Feliz quem ouve a Palavra de Deus e a coloca em prática" (Lc 11,27-28). Foi um elogio bonito de Jesus para Maria sua mãe. Para Jesus, a felici-

dade de sua mãe consistia em ela poder ouvir e praticar a Palavra de Deus. Jesus praticou o ensinamento que recebeu de sua mãe. E eu?

2. No evangelho de João, Maria representa o AT. Em Caná, ela reconhece que o AT não deu conta de realizar as profecias: *"Eles não têm vinho!"* E ela toma a iniciativa para que Jesus transforme a água em vinho; ela faz o Novo chegar (Jo 2,1-12). Com o discípulo amado, ela está ao pé da cruz. Jesus olha os dois: o AT e o NT, e diz ao discípulo, o NT: "Eis aí tu mãe!" E diz à Mãe, o AT: "Eis aí teu filho!" Nesse momento, Jesus fez a transição definitiva do AT para o NT. Foi a última ação de Jesus: "Está tudo terminado". Inclinou a cabeça e morreu.

4. Prece final de agradecimento
(Salmo 117: Convite ao louvor)

Louvem a Yahweh nações todas

¹Aleluia! Louvem a Yahweh, nações todas, e o glorifiquem todos os povos!

²Pois seu amor por nós é firme, e sua fidelidade é para sempre! Aleluia!

Encerrar com uma Ave-Maria.

29º DIA

O ENCONTRO DE MARIA COM TODOS NÓS POR MEIO DAS SETE PALAVRAS

(Lucas e João)

(Colocar-se na presença de Deus, invocando a luz do Espírito Santo.)

1. Lucas e João trazem estas sete palavras de Maria

1ª Palavra: "Como pode ser isso se não conheço homem!" (Lc 1,34)

2ª Palavra: "Eis aqui a serva do Senhor!" (Lc 1,38)

3ª Palavra: "Minha alma louva o Senhor!" (Lc 1,46)

4ª Palavra: "Meu filho porque fez isso conosco?" (Lc 2,48).

5º Palavra: "Eles não têm mais vinho!" (Jo 2,3)

6ª Palavra: "Fazei tudo o que ele vos disser!" (Jo 2,5)

7ª Palavra: O silêncio ao pé da Cruz, mais eloquente que mil palavras! (Jo 19,25-27)

2. Reflexão sobre os textos

Cada uma dessas sete palavras é uma janela que faz perceber como a Palavra de Deus chegava até a mãe de Jesus e como ela acolhia e a encarnava em sua vida. A Palavra de Deus chegava até ela:

* Por meio da visita e da conversa com o anjo Gabriel: O anjo Gabriel a saudou: *"Ave, cheia de graça, o senhor está contigo!"* (Lc 1,28). Maria ficou admirada com essa saudação. O anjo esclareceu que ela será a mãe do Messias. Maria diz: *"Como pode ser isto, pois não conheço homem!"* (Lc 1,34). É na conversa com o anjo que Maria descobre o apelo de Deus e o coloca em prática: *"Faça-se em mim segundo a tua palavra!"* (Lc 1,38).

* Por meio da gravidez de Isabel que já estava no sexto mês (Lc 1,26). Isabel era uma senhora já de idade. Uma gravidez assim faz prever um parto de risco. Maria percebeu o apelo de Deus, levantou e foi para a casa de Isabel e Zacarias (Lc 1,39). Ela ficou lá três meses até o nascimento de João, o filho de Isabel, e voltou para casa (Lc 1,56).

* Por meio da ordem imperial do recenseamento: Grávida de nove meses, Maria teve de viajar de Nazaré até Belém (Lc 2,1-5). Mais de 150 km! Além disso, a matança das crianças de Belém, decretada por Herodes, obrigou-a fugir para o Egito (Mt 2,13-23). Maria sabia descobrir o apelo de Deus nos fatos da vida, mesmo quando injustos e dolorosos, provocados por Pilatos e Herodes.

* Por meio da perda do filho no Templo: Quando Maria e José descobriram que Jesus não estava na caravana voltaram até Jerusalém. Três dias de busca. Maria não entendeu o gesto de Jesus: *"Meu filho, por que fez isso?"* (Lc 2,48). Para poder entender os fatos, Maria os meditava em seu coração até a luz aparecer e clarear o caminho (Lc 2,51; cf Lc 2,19).

* Por meio das necessidades das pessoas: No casamento em Caná da Galileia, Maria descobre que estava faltando vinho. Ela se dirige a Jesus: *"Eles não têm mais vinho!"* (Jo 2,3). Foi na necessidade dos noivos, que Maria percebeu um apelo de Deus e tomou as iniciativas para solucionar o problema. E ela pede ao povo para seguir a orientação de Jesus: *"Fazei tudo o que ele vos disser"* (Jo 2,5).

* Por meio do sofrimento do filho: O evangelho de João relata como Maria se mantém em pé perto da Cruz para estar junto do filho (Jo 19,25-27). Como Abraão que, em silêncio total, oferece seu filho Isaque (Gn 22,1-14), assim Maria em total silêncio oferece seu filho ao Pai.

* Por meio da comunidade no Cenáculo: Depois da Ascensão de Jesus, Maria se reúne com os discípulos e permanece com eles durante nove dias, rezando, todos unidos no mesmo sentimento, em preparação para a vinda do Espírito de Jesus (At 1,14).

3. Reflexões e perguntas para iluminar a vida

1. Diz o salmo: *"Yahweh, teu amor chega até o céu, e tua verdade chega até às nuvens. Tua justiça é como as altas montanhas, e teus julgamentos como o grande oceano"* (Sl 36,6-7). O *céu*, as *nuvens*, as *montanhas* e o *oceano*, esses quatro elementos da natureza manifestam algo da grandeza de Deus. São reflexos de seu *amor*, de sua *verdade*, de sua *justiça* e de seus *julgamentos*. Era assim que Maria percebia os reflexos e os sinais de Deus nos fatos da vida. E eu?

2. Ouvindo e escutando, ruminando e meditando, celebrando e cantando, era a maneira como Maria ouvia e praticava a Palavra de Deus. E eu?

4. Prece final de agradecimento
(Salmo 19: a Palavra de Deus no universo, na história e na minha vida)

A lei de Yahweh é perfeita, um descanso para a alma.

²O céu manifesta a glória de Deus,
e o firmamento proclama a obra de suas mãos.
³O dia passa a mensagem para outro dia,
a noite a sussurra para a outra noite.
⁴Sem fala e sem palavras,
sem que sua voz seja ouvida,
⁵a toda a terra chega o seu eco,
aos confins do mundo a sua linguagem.
Aí ele pôs uma tenda para o sol,
⁶e este sai, qual esposo de seu quarto,
como herói alegre, percorrendo seu caminho.
⁷Ele sai de um extremo do céu,
e seu percurso vai até o outro lado;
nada escapa ao seu calor.
⁸A lei de Yahweh é perfeita,
um descanso para a alma.
O testemunho de Yahweh é firme,
instrução para o ignorante.

[9]Os preceitos de Yahweh são retos,
alegria para o coração.
O mandamento de Yahweh é transparente,
é luz para os olhos.
[10]O temor de Yahweh é puro e estável para sempre.
As decisões de Yahweh são verdadeiras e justas igualmente.
[11]São mais desejáveis do que ouro,
mais do que ouro refinado.
São mais doces que o mel,
que vai escorrendo dos favos.
[12]Com elas, também teu servo se esclarece,
e observá-las traz grande proveito.
[13]Quem pode discernir os próprios erros?
Purifica-me das faltas escondidas!
[14]Preserva do orgulho teu servo,
para que ele nunca me domine:
deste modo eu serei íntegro,
inocente de uma grande transgressão.
[15]Que te agradem as palavras da minha boca,
e o meditar de meu coração chegue a tua presença,
Yahweh, minha rocha e redentor!

Encerrar com uma Ave-Maria.

30º DIA

O ENCONTRO DE MARIA COM DEUS PAI, NA ETERNIDADE

(Apocalipse 12,1-5)

(Colocar-se na presença de Deus, invocando a luz do Espírito Santo.)

1. A vitória final da mulher *(Apocalipse 12,1-5)*

¹Um sinal grandioso apareceu no céu: uma Mulher vestida com o sol, tendo a lua sob os pés e sobre a cabeça uma coroa de doze estrelas; ²estava grávida e gritava, entre as dores do parto, atormentada para dar à luz. ³Apareceu então outro sinal no céu: um grande Dragão, cor de fogo, com sete cabeças e dez chifres e sobre as cabeças sete diademas; ⁴sua cauda arrastava um terço *das estrelas do céu, lançando-as para a terra*. O Dragão colocou-se diante da Mulher que estava para dar à luz, a fim de lhe devorar o filho, tão logo nascesse. ⁵*Ela deu à luz* um filho, *um varão*, que irá *reger* todas *as nações com um cetro de ferro*. Seu filho, porém, foi arrebatado para junto de Deus e de seu trono.

2. Reflexão sobre o texto

No livro de Gênesis, Deus diz à serpente: *"Colocarei inimizade entre ti e a mulher, entre tua descendência e a descendência dela. Ela te esmagará a cabeça e tu lhe ferirás o calcanhar"* (Gn 3,15). A mulher é Eva que simboliza a vida, a humanidade, o povo de Deus. A serpente simboliza a religião dos ídolos que ameaçava de morte a vida do povo de Deus. Essa inimizade entre a mulher e a serpente atravessa os séculos, mas a vitória final será da mulher. Deus diz à serpente: *"Ela (a mulher) te esmagará a cabeça e tu lhe ferirás o calcanhar"* (Gn 3,15). O livro do Apocalipse descreve a fase final dessa luta milenar e narra como se realizará a vitória prometida da mulher sobre a serpente (Ap 12,1-17).

A visão da Mulher em dores de parto que luta contra o Dragão oferece um resumo da história da humanidade, desde a criação até a época da redação do Apocalipse, quando as comunidades cristãs estavam sendo perseguidas pela política do império romano no fim do primeiro século. No início, na Criação, Deus pronunciou a sentença contra a serpente e anunciou a vitória da descendência da Mulher (Gn 3,15), símbolo da humanidade que luta em defesa da vida, símbolo de Maria, a mãe de Jesus. Essa vitória acabou de realizar-se por meio do nascimento, vida, morte e ressurreição de Jesus, "a descendência" da mulher. O povo das comunidades perseguidas pelo império romano encontrava força e coragem nessa profecia para continuar na resistência e na luta em defesa da vida, sem desanimar.

Na festa da *Anunciação* celebramos o *Sim* de Maria a Deus: *"Eis aqui a serva do Senhor. Faça-se em mim segundo a tua palavra"* (Lc 1,38). Naquele momento, *"a palavra se fez carne e começou a habitar entre nós"* (Jo 1,14). Na festa da *Assunção* celebramos o *Sim* de Deus a Maria. Em Jesus que sobe ao céu aparece o ponto de chegada da nossa caminhada na fé. Jesus, nosso irmão mais velho, foi na frente. Todos nós, assim o cremos, seguiremos ele no mesmo rumo e no mesmo destino. A mãe que o gerou é a primeira a segui-lo na ressurreição e na Assunção ao céu. Sua Assunção reforça em nós a fé de que em Jesus a morte foi vencida.

Como vai ser esse futuro, nós não sabemos. Só sabemos uma coisa: vai ser bom, muito bom! E como vai ser o corpo ressuscitado? Paulo responde bonito aos Coríntios: *"Semeado corruptível, o corpo ressuscita incorruptível; semeado desprezível, ressuscita reluzente de glória; semeado na fraqueza, ressuscita cheio de força; semeado corpo psíquico, ressuscita corpo espiritual. Se há um corpo psíquico, há também um corpo espiritual"* (1Cor 15,42-44).

3. Reflexões e perguntas para iluminar a vida

1. Pelo *Sim* de Maria a Deus na Anunciação, a Palavra se fez carne e começou a morar no meio de nós. Pelo *Sim* de Deus a Maria na Assunção, Deus nos faz saber o *Sim* que Ele vai dizer a todos nós no

fim da nossa vida aqui na terra. Aí estaremos com ele e com sua Mãe em uma felicidade sem-fim. Fonte de esperança para todos nós.

2. No fim destas reflexões sobre os encontros que Maria teve com as pessoas de seu povo ao longo da sua vida, qual a conclusão que eu tiro de tudo isso para minha vida? Qual a conclusão que tiro de tudo isso para a devoção a Maria em minha vida?

4. Prece final de agradecimento
(Salmo 150: Louvor Universal)

Todo ser que respira louve a Yahweh (v. 5)

[1]Aleluia!
Louvai a Deus em seu santuário,
louvai-o em seu poderoso firmamento.
[2]Louvai-o por seus grandes feitos,
louvai-o por sua grandeza imensa.
[3]Louvai-o com o toque das trombetas,
louvai-o com cítara e harpa;
[4]louvai-o com tambor e danças,
louvai-o com cordas e flautas.
[5]Louvai-o com címbalos sonoros,
louvai-o com címbalos retumbantes.
[6]Todo ser que respira louve a Yahweh. Aleluia!
Glória ao Pai, ao Filho, ao Espírito Santo.
Como era no princípio, agora e sempre. Amém.

Encerrar com uma Ave-Maria.

31º DIA

O ENCONTRO DE MARIA DE NAZARÉ COM AS MARIAS DO BRASIL

(Colocar-se na presença de Deus,
invocando a luz do Espírito Santo.)

1. As Três Marias aos pés da cruz *(João 19,25-27)*

[25]A mãe de Jesus, a irmã da mãe dele, Maria de Cléofas, e Maria Madalena estavam junto à cruz. [26]Jesus viu a mãe e, ao lado dela, o discípulo que ele amava. Então disse à mãe: "Mulher, eis aí o seu filho". [27]Depois disse ao discípulo: "Eis aí a sua mãe". E dessa hora em diante, o discípulo a recebeu em sua casa.

2. Reflexão sobre o texto

Nesse texto aparecem três Marias: Maria, a Mãe de Jesus, Maria de Cléofas e Maria Madalena. No tempo de Jesus, o nome Maria era tão frequente que, para evitar mal-entendidos, era necessário especificar: Maria de Cléofas, Maria Madalena, Maria a Mãe de Jesus. Até hoje o nome Maria é o nome feminino mais frequente no Brasil. As três Marias ao pé da Cruz deram seu nome a uma cidade em Minas Gerais: *Três Marias*.

Quem criou e usou esse nome pela primeira vez foi o casal Amram e Jocabed. Quando nasceu a primeira filha, eles a chamaram de *Maria* (Miriam) (Nm 26,59), que significa *Amada de Yahweh* ou *Yahweh é meu Senhor*.

No Antigo Testamento, aparecem só duas pessoas com o nome de Maria: a profetisa Maria, filha de Amram e Jocabed, irmã de Moisés e Aarão (Êx 15,20; cf. Nm 26,59), e a filha desconhecida de um tal de Betias (1Cr 4,17). No Novo Testamento, são nove pessoas com o nome de Maria: a mãe de Jesus (Lc 1,27), Maria Madalena (Mt 27,56), Maria, chamada *"a outra Maria"* (Mt 27,61), Maria, a Mãe de Tiago (Mc 15,40; Lc 24,10), Maria, Mãe de Joset (Mc 15,47), Maria, irmã de Marta e Lázaro (Lc 10,39), Maria de Cléofas (Jo 19,25), Maria mãe de João Marcos, o evangelista (At 12,12), e Maria da comunidade de Roma (Rm 16,6).

Hoje, no Brasil, Maria é um dos nomes mais frequentes para as mulheres. Muitas vezes, quando você encontra uma mulher na rua e quer pedir uma informação, mas não conhece o nome dela, você a chama e diz: *"Ó Maria, por favor..."*. De certo modo, no Brasil, as *Marias* são todas as mulheres.

Neste último encontro, queremos lembrar todas as *Marias*: as que já viveram e as que estão vivas, as que conhecemos e as que não conhecemos, as que têm nome e as anônimas, todas as mulheres: as índias de antes de Cabral chegar ao Brasil, que viveram a vida dentro de sua cultura e souberam ser humanas; a menina vietnamita que morreu na explosão da primeira bomba atômica de Hiroshima; as mulheres idosas dos asilos, abandonadas pela família; as milhões de mulheres que foram manipuladas, traficadas, exploradas, ignoradas, violentadas, sem nome, que morreram nas guerras, morreram de fome, abandonadas, sem serem lembradas; Deus as conhece e as acolhe; as mulheres que gastam suas vidas servindo aos outros, sem esperar nem pedir recompensa, vivem para os outros sem se lembrar de si mesmas; as freiras, as monjas, as religiosas, as consagradas, as eremitas, as enclausuradas, milhares e milhares ao longo dos séculos, que vivem para Deus e para os outros, nos conventos e mosteiros, ignoradas pelos jornais, mas amadas pelo povo que as conhece e acolhe, e delas recebe serviço e oração; as mulheres que, sem o dizer e sem o saber, vivem e fazem o que Jesus falou e aprendeu de sua mãe Maria: *"Eu não vim para ser servido, mas para servir e dar minha vida em resgate para muitos"*. Elas o aprenderam de Maria a mãe de Jesus que dizia: *"Eis aqui a Serva do Senhor!"*

Enquanto vivia em Nazaré, Maria era conhecida e amada só pelo povo de Nazaré e por mais algumas poucas pessoas de sua família.

Tinha apenas este único nome: *Maria, a mãe de Jesus*. Hoje, ela é a mulher mais amada e venerada de toda a história humana. Só Deus é quem sabe quantos nomes ela já recebeu e continua recebendo de seus devotos. Centenas! Nossa Senhora da Imaculada Conceição, Nossa Senhora Aparecida, Nossa Senhora de Fátima, Nossa Senhora de Lourdes, Nossa Senhora das Dores, Nossa Senhora de Nazaré, Nossa Senhora da Paz, Nossa Senhora do Desterro, Nossa Senhora das Graças, Nossa Senhora dos Remédios, Nossa Senhora do Amparo, Nossa Senhora do Perpétuo Socorro, Nossa Senhora da Saúde, Nossa Senhora dos Navegantes, Nossa Senhora da Guia, Nossa Senhora da Natividade, Nossa Senhora da Consolação, Nossa Senhora da Igreja, Nossa Senhora da Anunciação, Nossa Senhora da Assunção, Nossa Senhora do Carmo, ou, simplesmente, Nossa Senhora.

3. Reflexões e perguntas para iluminar a vida

1. Tente lembrar sua mãe e suas irmãs. De que maneira, nos momentos difíceis de sua vida, elas ajudam você a retomar o caminho?

2. Agora no fim, o que ficou em sua memória e em seu coração para você dizer a sua mãe e à mãe de Jesus?

4. Prece final de agradecimento
(Salmo 45,7-18: A Rainha que acompanha o rei)

Entra a princesa, belíssima, vestida com pérolas e brocados (v. 14)

[7]Seu trono é de Deus, e permanece para sempre!

O cetro de seu reino é cetro de retidão!

[8]Você ama a justiça e odeia a injustiça:

por isso o Senhor seu Deus o ungiu com perfume de festa,

entre todos os seus companheiros.

[9]Mirra e aloés perfumam suas vestes,

e o som das cordas o alegra nos palácios de marfim.

[10]Filhas de reis saem ao seu encontro.

De pé, à sua direita, está a rainha, ornada com ouro de Ofir.

[11]Ouça, filha, veja e incline seu ouvido:

esqueça seu povo e a casa de seu pai,

[12]pois o rei se apaixonou por sua beleza.
Prostre-se na frente dele, pois é o seu senhor!
[13]A cidade de Tiro vem com seus presentes,
os povos mais ricos buscam o favor dele.
[14]Entra agora a princesa, belíssima,
vestida com pérolas e brocados.
[15]Eles a levam perante o rei, com séquito de virgens,
e suas companheiras a seguem.
[16]Com júbilo e alegria a conduzem,
e elas entram no palácio real.
[17]"Em lugar de seus pais, virão seus filhos,
e você os nomeará príncipes sobre toda a terra".
[18]Vou comemorar o nome dele de geração em geração,
e os povos o louvarão, para sempre e eternamente.
Glória ao Pai, e ao Filho e ao Espírito Santo.
Como era no princípio, agora e sempre. Amém.

Encerrar com uma Ave-Maria.

A marca FSC® é a garantia de que a madeira utilizada na fabricação do papel deste livro provém de florestas que foram gerenciadas de maneira ambientalmente correta, socialmente justa e economicamente viável.

Este livro foi composto com as famílias tipográficas Candara e Cinzel
e impresso em papel Offset 75g/m² pela **Gráfica Santuário.**